ありふれた日常に潜む
巨大なビジネスチャンスを探る

Hidden in Plain Sight

How to Create Extraordinary Products for Tomorrow's Customers

ヤン・チップチェイス
サイモン・スタインハルト
福田篤人訳

サイレント・ニーズ

Jan Chipchase with Simon Steinhardt……
Atsuto Fukuda

英治出版

サイレント・ニーズ

ありふれた日常に潜む巨大なビジネスチャンスを探る

HIDDEN IN PLAIN SIGHT

by Jan Chipchase

with Simon Steinhardt

Japanese translation rights arranged with
HarperCollins Publishers
through Japan UNI Agency, Inc., Tokyo

日本語版によせて Preface

大変動と苛烈な競争が続くグローバル市場のなかで優位に立ち、その地位を守り続けるのはとてつもなく困難だ。中国では企業が知的財産権に関わるルールを曲げながら製品開発のプロセスを変えつつあり、その一方ではシリコンバレーの新興企業が何億人もの消費者を相手どり、急速に顧客基盤を構築しつつある。キヤノン、トヨタや三菱商事といった日本企業も市場拡大をねらい、インドや中国、ロシアなど、人々の生活や商品購入スタイルが既存の顧客とは大きく異なる国へ手を広げている。

この十年間、私は世界で成功を収めているさまざまな企業の依頼で世界中を飛び回ってきたが、そのなかには日本企業も多い。みな、新しい市場を見つけ出し、そこで競争に勝つためには、現地の消費者について理解する必要があると悟っている。すなわち、消費者一人ひとりが朝起きてから寝るまでに何をするのか、何に憧れ、何を望み、何を怖れているのか、ということを知りたがっている。

最新技術の利用からアニメに至るまで、私は日本が何年にもわたり流行をリードし、世界で起こることを方向づけるさまを目の当たりにしてきた。一方、テクノロジーありきで開発された製品が失敗し、いわゆる進化の行き止まりに直面する様子も観察してきた。この本を読めば、あなたの目の前のものごとに潜む面白いポイントに気づけるようになるだろう。しかしこの本の真の価値は、どうしてそうなっているのかをあなたが理解し、その見識をあなた自身の問題や挑戦に応用できるようになったときから発揮されることになる。

ときに、日本の企業は市場に小細工を弄していると批判されることがある。絶妙なポジショニングやマーケティングで目覚ましい売上を誇ってはいるが、利用者の潜在ニーズを満たす価値が実際にはほとんど、あるいはまったくない製品を指して言われることだ。機能が充実した携帯電話は日本国内ではよく売れたがグローバル市場では失敗したし、途上国で展開される電化製品は先進国で出したものの品質を落とした商品にすぎない、というのがいい例だ。急成長中の新興市場や、商品に関する顧客の知識が比較的少ない、あるいは競争の落ち着いた市場ではこうした戦略でも通用するかもしれない。しかし、グローバル化が進み、経済面でますますつながり合う世界では、顧客があっという間に業界に精通するようになるため、すぐさま危険な戦略に成り果ててしまう。お金で市場シェアを買うことはできるが、それでは商品やブランドと顧客とのつながりは表面だけの浅いものになってしまうだろう。

この本を通じて、人々が何をして、そしてなぜそうするのか、といった観点からものごとが持つ真の価値を読者が理解していけるよう導いていきたい。始める場所は近所のカフェでも居酒屋でも構わない。人々の行動や慣習を読み解き、今まで長いあいだ当然のことだと思ってきた思い込みを見直す方法を紹介しよう。さらに、それらの根源的な本質まで足を踏み入れ、そして明日の世界で愛される製品やサービスを生み出すために必要な着想を得る方法をお伝えしたい。

それでは始めよう。

サイレント・ニーズ　目次

日本語版によせて　3

序章　11

「なぜ」という問題　13
踏み固められた道を逸れる　28
心の習慣　32
広がる日常の光景のなかに　36

第1章　心の一線を越える　39

線引き仕事　40
境界線マップ入門編　44
普通でない状態　48
清潔、ぴかぴかの境界線　50
暴動か、静観か　55
未来の境界線マップ　57

第2章 日用品による社会生活 65

演じる役に合わせる 67
ステータスゲーム 76
見えなくなっていく小道具 83
次のステータスシンボルをデザインする 85

第3章 過去、現在、未来の波をつかむ 89

トウモロコシ畑の技術革新 92
ヨコの圧力 99
大局観とちょっとした裏事情 107
新たな可能性と新たなパラドックス 114
未来へ向けて 118

第4章 持ちものは人を表す 121

すべてのものをあるべき場所に 124
アップロードするものが人を表す 132
どうしてわざわざ持ち歩くのか? 141
扉の外に広がるまったく新しい世界 145

第5章 文化的コンパスの微調整 149
街とともに目を覚ます 151
現地の乗り物に乗れ 154
長距離旅行から旅行を引けば 158
美容院と床屋 160
規則破りの行い 161
世界共通の「i'm lovin'it」 163
看板を読み取る 165
時流を捉える 172
デザインリサーチは役立つか? 174

第6章 信頼の問題 177
信頼をかたちづくるものを掘り下げる 180
ブランドの力 185
ミルクの匂いを嗅ぐ 189
スーパーコピーの繁栄 195

第7章 本質を見出す 205
ガソリンのないガソリンスタンド 213

インフラ崩しの構築 219
可能性の円錐とチャンスの円錐 224

第8章 **大いなるトレードオフ** 227
最適でないものが最適となるとき 232
未来にとって本当に良いデザインとは 242

おわりに 249

付録　デザインリサーチの八大原則 252
写真説明 257
原注 265

序章 Introduction

私の仕事は不思議で冒険的、あるいは風変わりなものと思われるかもしれない。しかし突きつめれば、人々を動かしているものが何かを見つけようとしているだけだ。

人々が当たり前だと思っている些細なことを見つけて、分析する——それを理解するために世界の名だたる企業が気前よく代金を払ってくれる。そして私は仕事として、アメリカ・ユタ州で教会の日曜礼拝に参加したり、東京郊外にある大きなホームセンターをぶらぶらしたり、夜明けまえに起きて都市周辺の町が目を覚まし、全貌をあらわにしていく様子を記録したりする。

ときには極端なことや未来にまで目を向ける。今は異常であっても、いずれ世界の主流になるかもしれないことを理解するために役立つなら、あえて自分で手を出してみることもある。たとえばマレーシアの高利貸しに金を借りてみたり、中国奥地の砂漠で警察の拘束を逃れる交渉をしてみたり、東アフリカのカンパラでラッシュアワーにバイクの二人乗りをしてみたり、アルゼンチンのリオデジャネイロでポケットに現金を詰めて治安の悪い大通りを歩いてみたりといったことだ。

リスクとは、たいていのものごとと同じように、相対的なものだ。

上海で女性と靴のショッピングに出かけるほうが、カブールで中古の自動小銃の相場を調べてまわるよりも危ないと、個人的には思っている。靴屋でカメラを持っていると知られれば、ライバルの業者が店の調査をしに来たと疑われて警備員が近寄ってくるだろう。一方のカブールで、カメラを持った外国人を気にする人はいない。カラシニコフはどこでも売られているありふれたものだとみなされているからだ。

この仕事には魅力も確かにある。警備員の目をかいくぐってマヤ遺跡の寺院の上で眠り、ジャングルの素晴らしい夜明けを眺めたこともある。ヤシの木の船に自転車をつないで「モスキート・コースト」、つまり密林の森をおっかなびっくり航海したこともある。自分のやっていることが好きで、気前の良いクライアントにとって価値のありそうなことが何かさえ理解しているなら、仕事と遊びの境界はだんだんとかすんでいくものだ。

私は日ごろからカメラを持ち歩いていることが多く、最近は重厚なキヤノンＥＯＳ ５Ｄ ＭａｒｋⅡをぶら下げているが、けっこうな値段以上の価値はある。記録や分析のため、あるいは調査チームの仲間や調査の協力者、クライアントなど、他の人々に見せるために何百何千という瞬間をカメラに収めてきた。私はプロの写真家ではないが、ありふれた日常を観察するプロだと自負している。私は訪れたところでたいてい、普通の人が普通のものを使って普通のことをしているところを観察することに時間を費やしてきた。携帯電話で通話する、財布から現金やクレジットカードを取り出す、ポンプでガソリンを入れる。こうしたなんでもない状況のなかからは――ほとんどの人の視点からは死角となることだが――クライアントにとって新しいグローバル市場を開拓するためのひらめきが見つかることもある。クライアントが最もローテクな石鹸を売っているにしても、最もハイテクな無線通信機器を売っているとしても、私は常にクライアントが競争で優位に立てるチャンスを探してきた。それを利用して稼ぐことが目的の場合もあれば、それだけでなく世界において最も逼迫している社会問題の解決に貢献するためだったこともある。ほんの少し例を挙げるなら、医療保険や教育、貧困などだ。

そうしたあらゆる状況のなかで、私は人々が行動する動機という、ほとんどの人にとっては当たり前のことに目を向けてきた。

「どうしてあんなことをしているのだろう？　どうしてそんなやり方なのだろう？」

それが、私が常に抱き続けてきた問いだ。

「なぜ」という問題

人間というものを理解しようとするなら、人々が自然のなか、普通の状況、混沌とグレーゾーン、そして因果の常に変化する世界でどのように動くかを理解しなければならない。

ひとつふたつのものごとの変化がどのような影響を生むかを厳密に研究している学者たちには頭が下がる。そうした人々の発見は私の仕事の確かな土台となっている（読んでいけばおわかりになるだろう）。もっとも、学業の出来が悪かったという幸運のおかげで私は、顧客を見つけるための新しいやり方を知ることができたし、無味乾燥な学術論文に人生の真髄を押し込めることは究極的には不可能なのだと悟った。

私の仕事は、ものごとの内面をかき回して細切れになった現実の断片を見つけ、それを通して世界をより豊かで手ごたえのあるものとして見ることである――この本もそうだ。そうして生まれた新たな視点を使えば、より良い関係性を築いたり、複雑な問題を解決したり、より使いやすく望ましいものを作り出したりできる。そして世界のあるがままの姿をもっと正しく理解できるようになるはずだ。

ビジネス的に見れば、世の中には視点を変えるべき理由が七〇億個ぐらいある[1]（そしてさらに増加中）。ものごとの全体像を捉えたいなら、特定の細かい部分を拡大して映し出す――東京の鉄道駅でも、ベイルートの喫茶店でも、カブールに住む教師のアパートでも、細かい部分に迫って拡大する能力が必要だ。インターネットや現代のサプライチェーンのおかげで、世界中のほとんどの人があなたの顧客（もしくはあなたの顧客の顧客）になりうる。しかし、そうした人々が誰で、どんなものが、なぜ欲しいのかを見つけ出そうとしなければ、その機会をみすみす逃すことになってしまう。

もちろん、世界中の人が同じものを欲しがるわけではないし、ましてや世界中の人が同じものを買えるお金を持っているわけでもない。しかし、乏しい財力でも人々がどれほどやりくりできるか――そして何を欲しがるか――を知れば驚くに違いない。世界にいるおよそ八〇パーセントの人は一日一〇ドル以下で生活しているにも関わらず、世界の総人口の半分以上の人が携帯電話を所有しているのだ。(2)(3)

この数字は途上国の購買力を物語るだけでなく、携帯電話のような技術には世界市場をがらりと変えてしまう力があることを示している。本書ではなんども携帯電話の話に触れている。私がもともとかなりのあいだ通信業界で働いてきたからでもあるが、そもそも携帯電話――それによって得られる利便性――が現代において最も目に見えて大きな変化だということがいちばんの理由だ。今となってはたいしたことではない気がするかもしれないが、ポケットに収まっている機器で公私問わずいつでもどこでも誰とでも、すぐに連絡が取れるということは、世界中の人間同士のやり取りのかたちを変えてしまっているのである。

スイッチを押して部屋の明かりをつけるとき、それを可能にするあらゆる要素のことを考えたりはしないだろう。家の配線やランプの傘を作るための金型、電球、街全体に電気が通せるようになるまでの試行錯誤や標準化の過程、そして発電、充電、送電などなど、明るくなるまえの部屋の中ではそうしたものがどのように組み合わさっているのかよりも、テーブルに足を引っ掛けないことのほうがよほど気にするべきことだろう。スイッチを入れるとき、「テクノロジー」がかえりみられることはない。

「ただ機能する」ようにうまく設計されている限り、そうしたことは考えなくてもいい。最先端技術の業界は活気に満ちているが、まだ世界の主流になっていないものをわざわざ使おうとする寛大さがあるのは社会のごく一部の人々だけだ。ほとんどのものについて言えることだが、顧客の視点から見て、今あるもので十分に満足しているなら、どうしてうまく機能するかどうかもわからない新しいものを試すのに時間を割こうとするだろうか?

ここで一歩足を退き、改めて私にとっての「テクノロジー」という言葉の定義について説明しておく価値はあるだろう。特に東京の研究所でコンセプトデザインの研究をしていたときなど、私は仕事を通じて最先端のテクノロジーや技術者——バッテリーや燃料電池、新しいディスプレイや無線通信など、あらゆるものの限界を押し広げる人々——たちの世界にどっぷりと浸かってきた。世界のトップ企業とも仕事をしたことがあり、最新技術の施された品を好き放題に買うことができた。世界で最もハイテクな都市(東京、ソウル、サンフランシスコなど)のいくつかを拠点として、まだ他では見られない最新テクノロジーのアーリーアダプターたちと関わってきた。私の仕事を成功させるためには、テクノロジーの現在地とその向かう先についての基礎知識が必要となる。

しかし、「テクノロジー」というものを考えるとき、私の頭にあるのは電化製品やその周辺のサービスではない。私にとっての「テクノロジー」の定義は、新しいテクノロジーへの気づきからそれを利用する動機、テクノロジーが持っている価値に対する消費者の知識の有無、その前提知識の正確さ、世間で実際に使われるようになったときその価値がどれほど発揮されるかなどなど、はるかに広いものを指している。この本のあとの方でおわかりになると思うが、テクノロジーが導入されたとたん、使い方に対する私たちの思い込みが変わってしまうということも私の興味の対象だ。今日ではますます多くのものが電池やディスプレイ、電気通信や電線を利用するようになってきているが、テクノロジーとはそういったものに限らない。かつて鉄製のフライパンや機械式の腕時計、鉛筆などでさえ最新技術の産物であると考えられていたのだ。(4) やがて人々がそうしたものの性質、生産の不変性や存在の永続性を当然のものだと考えるようになり、もはや最新の技術ではない、目立たないものとして背景に溶け込んでいったのである。

市場に送り出される新たなテクノロジーは、このようにして使われる、という仮定や前提とともに送り出される。しかし「使われ方」を定めるのは実際のユーザーエクスペリエンスであり、そこには環境や個人の性格、動機や収入などのさまざま要因が絡んでくる。進歩の過程で、テクノロジーの新しい使われ方が誘発あるいは活性化され、それを導入する新しい理由が生まれる画期的な段階に到達することもある。Ｅメールやチャットにおいてはネットワーク効果がそれだろう。多くの人が利用するようになれば有用性が上がり、さらに多くの人がそのネットワークに参加するようになる。電話であれば小型化だろう。持ち運び可能になり、さまざまな状況で利用できるようになれば、電話を持ち運ぶことの利便性が生まれる。他にも電池寿命の長期化や耐久性の向上、低価格化がそういった要因となることもあるだろう。新たな利用者、新たな環境、新たな使い方、すべてが新しい行動パターンを生み出し、今度はそのテクノロジーのありようや、将来の可能性を変化させていく。

企業のなかにはテクノロジーを素のままに限りなく近い状態で世に送り出し、市場（あるいはアーリーアダプターのようなごく一部分）がどのような反応をするかを見るところもある。日本や中国や韓国――生産工程が市場に比較的近い国――などでは新製品をとりあえず出し、あとで洗練するという方式でもコストが安くあげられるため、市場に実験的製品が見られることが多い（私が見たところ、日本の電化製品の多くはまず日本市場に向けて生産され、だいたい第三弾ぐらいになってようやく競争の激しい世界市場に送り出せるほどになるようだ）。すでに守るべきブランドを持っている企業は既存の収益源を失うことを怖れるため、比較的保守的なものを市場に送り出す傾向にある。

テクノロジーは、いずれ背景に溶け込み、二度と耳にすることがなくなるものだ、という考え方は特に西洋におけるものである。テクノロジーが忘れられやすいのは、それがそこにあると気づかされないとき、だいたい期待通りに機能するとき、あるいは機能しなくなったときにも部品ごとではなく全体をまるごと交換されるとき（例：トースター）や、そこに利用されているテクノロジーが意識されないようなモジュラーとして取り替えられてしまうとき（例：インクカートリッジ）、そして利用にかかるコストに対して意識が一定以上向かないビジネスモデルのとき（例：定期購読）だ。しかし、世界の大部分ではそのような余裕がなく、テクノロジーが許容能力の限界近くで利用される場合が多い。また、顧客が使える資産も限られるため、そのテクノロジーを使えばどのくらいコストがかかるかを意識させるビジネスモデルが多くなる。

その結果、そうした世界の消費者は製品の基盤となっているテクノロジーに対する意識をより強く持つ社会で暮らすことになる。テクノロジーがさまざまな場所にばらばらの速度で広まっていくように、背景に溶け込んでいくときもまたばらばらなのだ。私はものを修理するという文化を追ってアフガニスタンからインド、ナイジェリアやインドネシアまで足を運び、人々が高度なテクノロジーを持ったものを修理するための知識や技術、また修理できるという認識をどのように得てきたかを何年もかけて調べてきた。そうした地域の人々のテクノロジーへの好奇心が特に強いというわけではない。むしろそれを理解し、新しい使われ方の可能性を認識することはそもそも生き延びるのに役立つため、必要にかられてそうしているだけのことだ。のちに例を紹介するが、テクノロジーに対する高い意識や知識、その根底にあるものを理解しようとする強い欲求は、本来それを設計した人（そもそもいれば、の話だが）の想定とはまったく異なる使われ方や、新しい巨大なビジネスチャンスを生み出すこともある。

二〇〇六年、私はウガンダの人々が通信の道具（特に携帯電話）を共同利用することで満足しているか、それとも自分のものを所有したいと考えているかを知ろうと現地へ向かった。クライアントにとっては私の答えが現存の製品を設計し直すか、それとも既にあるものを大量生産して現地で展開するかを左右することになる。調査プロジェクトで私が目を向けたもののなかには、ヴィレッジフォンと呼ばれる当時始められたばかりのサービスがあった。[5] 携帯電話網の末端であった農村部（現在では電波網が張り巡らされるようになっているところが多い。時代の変化は激しいものだ）での携帯通信サービスだ。米国グラミン財団と現地のマイクロファイナンス団体、地方の電気通信プロバイダーのＭＴＮによって共同で運営され、携帯端末はノキアとサムスンが支援していた。ヴィレッジフォン自体も十分に興味深かったが、私が何よりも驚かされたのは世界最初期のモバイルバンキングの一例を目にしたことだった。誰かが設計したわけでも、正式なサービスがどこかにあるわけでもないのに、まだ誰もやっていないことが世界に先駆けてこの地の人々のあいだで実践されるようになっていたのである。

ウガンダの首都、カンパラは一四〇万人以上を擁する都会であり、他の多くの都市と同様、職にありつけるという望みを抱いて多くの人が田舎から押し寄せていた。そこで何が起こっていたか。たいていの人は故郷の村に家族を残してきていたが、田舎では彼らの収入で利用できるような通信網のインフラがなかったので、家族との隔絶がたいへん厳しいものになっていた。ヴィレッジフォン・プログラムはそこへ電話と車のバッテリー（電力網の無い場所では一般的な電源である）、そして最大三〇キロ先（初期設定はおよそ二〇キロ）の携帯電話の信号を受信できる、テレビ用のものに似た強力な携帯挿し込み式のアンテナというテクノロジーを供給したのだ。

マイクロファイナンス団体は村にいる事業主（たいてい女性）にローンを貸し出し、村の人々に電話を利用させるというビジネスを始めさせた。通信手段がないところではそのサービスは魅力的であり、その利便性のために人がお金を払うのは驚くことではないだろう。しかし、ヴィレッジフォンを運営している団体も、そしてこの仕組みに携わっている人々も、通信が確立されたことによる副次的な利点は見えていなかった。彼らの持っている道具は、人々が抱えている日常の逼迫した問題を解決できるものだったのだが、誰もそれを問題と捉えていなかったため気がつかなかった——その問題のひとつがすなわち、長距離間の送金であった。

たとえば、カンパラにいるアキキが村にいる妻のマサニに送金したいとしよう。これ以前に送金する方法は二通りあった。ひとつは（必要な書類が揃えられ、銀行に顧客として認められれば）アキキが銀行に口座を作り、そこにお金を振り込む方法だ。それからお金を振り込んだと連絡して、マサニが一番近くの銀行まで長距離タクシーに乗り、お金を引き出す。これはひどく不便でタクシー代もかかるうえに、銀行の手続きの遅れによっては銀行へ行ったのにお金が届いていないということも起こる可能性があった。しかも銀行の仕組み上少額の送金が難しくなっていたので、マサニはアキキが振り込みに十分な額を貯めるまで待たねばならない。もうひとつは村に向かうバスの運転手を雇い、マサニ宛ての現金を預かってもらう方法だ。しかし、こちらは正しい相手にお金がわたるかどうかわからないし、そもそも運転手が信頼できるかどうか問題になる。とても安全とはいえないだろう。

　人々がセンテの話をしているところにたびたび出くわすようになったのは、アスファルトの道路を外れ、ウガンダの農村部で調査をしていたときだ。センテは正式な送金サービスを使わず、既存の通信ビジネスのインフラを使ってお金を送る方法であった。アキキは直接お金を送る代わりに、カンパラのナカセロマーケット街に立ち並ぶ携帯電話業者から通話料金のプリペイドカードを買う。ただし、自分で使うのではなく（そもそも二〇〇六年のアキキは携帯電話など持っていなかっただろう。二〇〇六年時点でウガンダの携帯電話利用率は八〇パーセントだったが、所有率は四パーセントであった）[6]、村にいる電話ステーションのオペレーターに電話をかけ、カードに書かれた番号を伝える。オペレーターはそのコードを使って得られた通話料金をアキキからマサニへの送金額として受け取り、二〇ないし三〇パーセントほどの手数料を引いた現金をマサニに渡す。銀行もバスもタクシーも使わず、一件落着である。

いったい誰が最初にセンテを始めたのか、知る者はいない。創業記念のテープカットが行われたわけでもなく、マスコミにちょうちん記事が書かれたわけでもなければ、どこかに記念碑が建てられているはずもないし、最初の取引の記録も見つけることはできないだろう。おそらく誰かが自分に使えるものを使って手間と労力を省こうと始めたことが一気に広まったのだろう。電話ステーションは社会の情報が流れる中心部であり、一人の客でうまくいったなら他の客にもすぐに広められるだろう。グラミン財団や大手の電気通信会社、携帯電話の製造業者がどれほど努力したとしても、これほど現地の状況や感性、嗜好に合ったものを設計できるとは考えづらい。

とはいえ、非公式のセンテは完璧なシステムからはほど遠いものであった。自動化された領収証発行システムはなく（受け取り手がお金を受け取ったと送り手に確認の連絡をしなければならない）、ときには同じ名前の人物を混同してお金を渡してしまうこともあった。手数料で折り合いがつかないこともあれば、オペレーターが必要な現金を一度に持ち合わせていない場合もあった。需要があることはすでに人々の行動から明らかで、さらに問題点も明らかだった。つまり、正式なサービスづくりのチャンスが示唆されていたのだ。

その頃、ウガンダの隣国であるケニアでは英国ボーダフォン社のニック・ヒューズとスージー・ロニーが、イギリス国際開発省からの立ち上げ資金を元手に、より効率的なマイクロファイナンスの返済手段を試行していた。そのなかで顧客とのやり取りを通じて、個人間の送金サービスに開発の余地があると明らかになり、二〇〇七年にサービスが開始された。[7] 当初は一年で二〇万人の利用者が予想されていたが、最初の一カ月だけでその目標に到達してしまった。プリペイドサービスを利用していたほとんどの客はすでに上限いっぱいまで通話料金を購入しており、なかにはケニア版のセンテというべきものを始めている人もいた。ケニアのM－Ｐｅｓａは今日では世界で最も成功しているモバイルバンキングサービスのひとつである。以来、ウガンダテレコム社もＭ－Ｓｅｎｔｅと呼ばれる公式のモバイルウォレットサービスを始めている。

非公式のうちに行われたプリペイドの通話料金を現金に換えるという行為は、こうした産業の成長に大きな役割を果たした。携帯電話の使い方を人々に理解させ、かたちのないもの（通話料金やお金）を送るという行為への信頼を築き、改善点を浮き彫りにした。究極的には、将来こうなるべきという人々の期待の呼び水となったのである。

現在の人々の行動を探求する方法、そしてそこから得た洞察《インサイト》をもとに未来を予測する方法は何通りもある。ひとつの方法は新しい行動を見つけ出すことだ。人々がつい最近になって始めた行動というものは本質的に、条件が揃えば広く普及するものであるからだ。新しい行動は「ミーム」、すなわちオリンピックの表彰台に立った選手のしぐさ、それまでの社会的な常識をくつがえすような自然災害など、文化に影響を及ぼすものによって引き起こされる。他にも携帯電話の利用者が通話時間を消費することなく連絡をするために、相手が電話に出るまえに呼び出し音だけ鳴らして切るという方法を編み出すように、新しいビジネスモデルやそれを回避する方法が生み出される場合もこれにあたる。

そうした行動を見つけ出す、または増幅させる方法のひとつとして、人々が新しい行動をとるよう仕向けるやり方もある。それよりも倫理にかなったやり方としては、すでに（少なくとも社会の主流派と比較して）極限状態——社会的なルールや法律に構わず、とにかく今あるものを最大限活用せざるを得ない状況や環境——に置かれた人を探し出す方法もある。つまり「エクストリームユーザー（極端な利用者）」や「リードユーザー（先行者）」と呼ばれる人たちが必要にかられて発明を生むということだ。

シンガポールとマレーシアの国境、マレーシア側に位置するジョホールバルは、ガソリン代を数円でも節約しようとする客や、仕事を求めてやってくる移民の多さで知られる古びた街であり、さまざまな種類の歓楽街でもある。ギャンブルの問題もつきもののようで、住宅街の通りには道路標識に膨大な量の短期高金利ローンの広告が貼られており、また広告の残骸の多さが競争の激しさを物語っている。

私が調査チームとジョホールバルへ向かったときには、モバイル決済サービスを世界展開しようと考えている企業から依頼を受け、お金に関わる人々の態度やふるまいを調査していたのだが、二日で一〇〇パーセントという暴利でお金を借りる、という不可解な行為に人々が及ぶ理由に興味を引かれた。非合理的に見えるものの、そうする人がいるということは何らかの合理性があるのだろう。調査には実際に借りているエクストリームユーザーやリードユーザーに直接話を聞いてみてもよかったのだが、心からの感覚を得られるよう、文字通り彼らの立場になって考えてみるという方法をとった。つまり実際にお金を借りて、その過程で過激な金融業界のオモテとウラを知ろうとしたわけである。業者のリスク軽減策として、物理的な担保（ローンの返済までカメラを一台預けさせられた）の他には、私たちの住居までドライブして確かめる、私のアシスタントであったアニタの身分証明書をコピーする、そして彼女の写真を業者自身の携帯電話のカメラで撮影しておくといった方法がとられていた。つまり究極的に言えば彼女が担保であるということを意味するものだ。

この本を読んでいる人は自分のアイデンティティーは自分だけが持っているものだと思っているだろう。詐欺などで書類をだまし取られることはあるかもしれないが、だからといって権利を譲り渡したということにはならない。しかし、世界には個人のアイデンティティー（とそれにまつわる評判）以外に担保にできるようなものがない社会もあり、実際にそれを他人に預けることもあるのだ。ジョホールバルで借金する人の例では、ローンを期日通りに返さなければ家に赤いペンキが塗りつけられ、それでも返さない場合は「この人に金を貸すな」と書かれた言葉とともに写真をコミュニティ中のさまざまな公示版に貼り付けられる。身内の恥をさらすことで家族に返済させ、貸し倒れにならないようにしているのだ。マレーシア文化では「借金している」ことが大きな恥だと考えられるようであり、こうした手段に対する怖れが期日通りに借金を返済させる厄介な動機づけとなる。家族にまで及ぶ恥をさらすよりは、人は法外な利子を支払うことを選ぶ。皮肉にも高利貸し業がかえってうまく機能してしまうのだ。悪評をドルやリンギットで測ることはできないが、それもまた経済的要素であることは変わりない。

このように文化的な価値観の違い、すなわち「対照的な合理性」は意思決定にさまざまな違いを生むものであり、あらゆる文化間の交流のほぼすべてに影響を与える。そのため、「なぜ」を理解できる第六感を養うことは驚くほど重要になってくる。

インドにいる中下層階級の人々が価格およそ二九〇〇ドルで収まる設計の安価な車、タタ・ナノを購入しないのはなぜだろう？[8] そしてその二倍以上の価格のマルチ・スズキ（スズキの子会社）のアルトを買う理由は？　一般的な認識では、収入の少ない人々はその限られた予算に合った商品やサービス、つまり安かろう悪かろうのものを消費するはずだ。しかし、それは完全に間違っている。「なぜ」という感覚を持ち、低収入の人々のことをよく知っている人物――彼ら自身――にそうした人々の欲しているものは何かを聞いて真実を明らかにすれば、実は彼らこそ世界で最も見る目の厳しい顧客だということを悟るだろう。一ルピーの価値が重く、無駄にすることはできないので、粗悪な品に手を出す余裕はない。仮に二九〇〇ドルが手元にあったとしても、自然発火するなどと噂されている車を購入して本当に失ってしまえば新しく買うこともできなくなるので、車を買うことはとうていできないのだ。

とはいえ、それでもタタ・ナノは驚くほどの可能性を秘めている。二九〇〇ドルの、しかも機能する車は、一〇〇ドルのパソコンや二〇ドルの携帯電話同様、市場をがらりと変える力になりうるからだ。移動や教育、通信などの人々が抱えている根本的な問題の解決に実際役立つだけでなく、それに加えて所有者に正のイメージを与えられるような憧れの製品としてデザインすることができれば、人々が日常で使う強力な道具になることだろう。企業にせよ、非営利団体にせよ、政府や科学者にせよ、そのようなものを作ろうとするのであれば、自分が相対している人々について、微妙な陰影の理解を持たなければならない。どうして人はその生き方をしているか？　収入が少ないなら生活をどのように立ちゆかせているのか？　そしてそうした人々が特定の状況において意思決定をするとき、その動機は何か？

踏み固められた道を逸れる

よく知られていることだと思うが、観光客のなかには名所や観光客を呼び込むための見せものなど、使い古された場所から絶対に外れないというタイプの人も多い。用意された文化の一側面だけを目にし、予想のつくような――そして不完全な――経験のあとに家に帰るだけの人々だ。その一方で、わざと道に迷い込み、予想外のことが飛び込んでくるのを待つような冒険を好む人もいる。前者のような旅行と違い、新しい環境にふらりと迷い込むタイプの人々には安全の保証もなく、がっかりするリスクも大きい（強盗にあう可能性さえある）。だが、代わりに新しいアイデアや視点を生み出せるような、経験したことのない独自の体験ができるという、無限大の可能性がある。

観光客は効率とか期待といった建て前を理由に、観光客向けの見せものに引っかかってしまいがちだ。しかし、経験を積んで技術も持っている民族学者でさえ、機械的な作業をして同じ罠にはまってしまうこともある。

極端な単純化かもしれないが、典型的な国際的デザインリサーチの調査はだいたい以下のようなかたちで進められている。調査チームが新しい場所へジェット機で到着し、提携先のホテルにチェックインする。現地の求人エージェントと合流し、タクシーで街を飛び回ってさまざまな状況についてインタビューをし、一日の終わりには夢中のあまり心身ともにへとへとになってホテルに戻ってくる。急いで済ませた食事、日用品を買うのに使った三〇分、インタビューの報告ができあがったあと深夜の街に繰り出して打ち上げをするなど、調査チームが現地というものを味わう体験をする機会はたまたま仕事に付随するものとして存在するだけだ。同じことを他の都市で何度か繰り返し、調査結果をすべて混ぜ合わせて発見したことをまとめる頃には、もはや熱意も使い果たしている。それで情報は得られたのか、と言われれば、それなりだろうし、新しいことに気がついたかどうかは、場合によるだろう。

しかし、もっとうまいやり方がある。

まずは人探しを住民の生活が感じられる場所で行うことだ。つまり、都市部を外れ、さまざまな業務や現地の商取引が入り混じった住宅地に目を向けるのである。私の場合は調査チームを提携先のホテルに宿泊させるよりも、できるだけ一軒家に滞在させるようにしている（特に調査の目標に製品デザインが含まれているような場合、拠点を住宅ベースの大型スタジオに似せたつくりにし、生活空間と隣り合った「即席スタジオ」とすることが多い）。たいていは賃貸物件で、ときには貸主の家庭と一緒の場合もある。ホテルよりも安価であることに加えて、そうすることで現地の文化に自身をうずめられるだけでなく、調査チームに連帯感も生まれるのだ。他の五人の調査メンバーの分もお湯が残るようシャワーを一分間だけで済ませるときほど、仲間意識を感じることはないだろう。

リサーチャーの多くは求人エージェントに依頼して経験豊富なアシスタントを雇うが、私は現地の大学で学生を雇うほうがいいと考えている——もちろん誰でもいいというわけではなく、賢く積極的かつ社交的な学生だ。調査を終えたあとには新しいことに気がつけるような街の一角に私たちを連れて行ってくれるし、学生自身の人脈も利用させてもらえるので、現地の文化に感性の波長を合わせることができる。私はできる限り学生が調査チームと一緒に過ごせるようにしている。調査プロジェクトに若い眼が加われば、新しい観点やアイデアが出てくるからだ。

私の場合、ガイドや通訳を雇う代わりに国際ジャーナリズムの隠し玉、フィクサー（交渉屋）とつるむことも多い。彼らは現地に強力なコネを持ち、裏社会の世渡り術を心得ている。ちょうど聞きたいことだけを聞けるように話を整えてインタビューの受け手に話を促し、価値のある答えを得られるように計らってくれるのである。

私たちが調査でどこかの国に向かったとき、ゆっくりと順応していく時間はそうそうないが、そういうときこそ自分たちでやりくりできる時間にいちばんの価値があることが多い。そんなときは私たちの秘密兵器を取り出す——というよりも、はっきり言えば近所の自転車屋へ行って自転車を買う。

自転車で街を回るというのはあまり仕事をしている気にならないが、人間的なレベルで素早く環境に触れる機会を与えてくれる。街の流れやリズム、歩調を体験できるだけでなく、何より重要なのはその街にいる何千何百万という人々と同じ土俵で生活できるという利点があることだ。

私が調査の序盤で好んで使う、最も単純な方法のひとつが、街とともに目を覚ます、ということだ。夜明けまえに調査チームを招集し、適切な場所へ向かい、店の人がシャッターを上げ、新聞が配達され、住民が朝の活動を始めるなかをめぐっていくのだ。朝に欠かせないものへの人の群れ――コーヒーやチャイ、焼きたてのパンやお粥――は事実上どこでも見られる光景なので、文化間の比較にはもってこいだ。そのうえ、もし列ができていれば、並んでいる人々と話をすることもできる。

会話のなかでは何かに気づかされるようなときもあり、それこそまさに私たちが求めているものだ。人々がぶらつき、あけっぴろげに話し、見ず知らずの他人に時間をとってやってもいいと考えるような場所を見つけることがカギである――つまり聞き取り調査がしやすい場所だ。床屋はそうした点で特に期待のできる場所であり、私が髭を剃ってもらいに行く（一日二回のこともある）ときには、あたりにいる人と誰彼なしに話をしている。もし調査の材料にできるほど会話が長く続けば言うことなしであり、相手が家に私を招いてくれるほど気を許してくれればさらにいい。

私と調査チームは調査過程の一つひとつで集まったデータから意味を見出せるようかなりの

努力をしており、これからの章で見られるように、街で調査を終えたときには滞在部屋の壁が、地図や調査対象のプロフィール、数百数千の観察結果や発言、洞察などで埋め尽くされ、さながら作戦会議室の様相になっている。そのすべてに次の潮流を見つける手がかりとなるような宝石が眠っているのだ。

心の習慣

自分自身のキャリアを歩みはじめようとしている人々は、よく私にどうすればそんな夢のような職業につけるのか、と聞いてくる（熟練のジャーナリストにも同じことを聞かれる。どういうわけか、私はジャーナリストにとって大きな予算を使って、しかも締め切りのない仕事をしている同業者だと思われているようだ）。確かに私の仕事は充実しているが、さまざまな意味で人には認めてもらいづらいし、そもそも私もどこかに「行き着いた」わけではない。いわば旅を続けている最中であり、仕事と家族、人生や愛のバランスを図りつつ、どうすればクライアントにとって価値のある仕事ができるかを模索しているところだ。

さまざまなものが私の旅をかたちづくってきた。確かに近場にも世界の果てにも足を運んだことがある。仕事というよりは観光気分で旅行していたときも含めて、長い旅路が文化への理解や見識を深めるための土台となっている。私の人生の謳歌の仕方、そしてどうしてこの仕事に「落ち着いた」のかを考えると、特に二つの認識が私に影響を与えてきたといえる。

ひとつ目は、人生を左右するような決定は一生のなかでおそらく一握り程度しかなく、どれほど重要でどれほど時間をかけた選択でもいずれはすべて薄らいでいくものだと悟ったことだ。とはいえ重要なのは、決断のときにその瞬間を認識し、最適な結果を出すのに必要な労力を割けるかどうかだ。自分や他人の経験にもとづく思慮深い反省から生まれた見識は私たちを解放し、人生という乗り物の絶妙な乗り心地を楽しめるようにしてくれる。それはまた、今は不可能に見えることでも、やがて簡単にできることのひとつになっていくという、私たちが人として進化していく過程を物語るものだ。

私にとって人生を左右した選択のひとつは、当時のガールフレンド（現在は妻）とともにイギリスから東京へ移り住んだことだ。金も仕事もなく、日本語もほとんど使えなかったが、当時物理的なもののデザインとデジタルのデザインの融合に関して最先端をリードしていた日本で学びたいという強い欲求だけは持っていた。自分の仕事の分野で人より前に行きたいと考えているなら、自分がいちばん学ぶことの多い場所はどこかを考え、なぜ自分が今そこに立っていないのかを自問し続けるべきだ。そのとき私のキャリアにおいて、いるべき場所は東京だった。

東京では、アパートの扉を開くたびに新しいことを体験したり、学んだりすることができた。それからほぼ一〇年後に次の家へ引っ越したその日まで、東京は新しいことを私に教え続けた。そうして、私のなかで興味深い場所に「腰を据える」という原則が生まれた。どこか一カ所にとどまって時間を過ごせば、多少の労力が伴うとしても、その場所について格別な深い理解が得られるというメリットがある。金をもらって調査計画を立て、観察者としてある場所を訪れて内面を探ることにも、それはそれで価値がある。しかし、それで得られることには限りもある。現地との蜜月の時が終わり、請求書の支払いや買い物をする、窃盗にあう、医者にかかる、仕事とプライベートのバランスをとる、そしてラッシュアワーの通勤の苦労を味わうといった、誰もがしている面倒に直面したときこそ、経験がより深く活きてくるようになる。その場所に対する理解が本当に力を発揮しはじめるのは、そのときだ。

これまで三大陸にあるいくつかの都市に腰を据えてきたが、そのときどきで引っ越す理由は人生やキャリアの事情、またそこにいるということが意味すること、あるいは意味しないことを深く理解した結果でもあった。この地球とその住人を理解しようという欲求は、しぜん私たちを次の場所へと導いていく。

ふたつ目の悟りは、私がイギリスの海岸に面した観光都市、ブライトンで学校に通っていたときの失敗が関係している。私は学生としては平均的で、それなりに学校生活を楽しんでいたが、学業に本腰を入れることはめったになかった――他に楽しいことが多すぎたからだ。大学受験で失敗、それも志望校に入れないどころかどこの大学にも入れなかったという結果は驚くに値しない。学徒としてはそれほどまでにひどかった。はっきりと口にしたことこそなかったが、大学へ行けば手に入れられる機会を私に与えようと投資してくれていた両親は、疑いようもなく心を痛めていた。

家族の支えもあり、一年後に再受験するという次善策が実行に移された。だが、落第して再受験し、大学に滑り込むまでの一時期をベルリンの親戚のもとで過ごしたとき、将来私のキャリアとなる種がまかれた。それまで私が持っていたイメージとは違って、イギリスが世界の中心ではないということを、そのとき初めて理解しはじめたのだ（ある人の文化的な立場、そしてその人が世界のどこを中心としているかを理解するために私が行うテストのひとつとして、世界地図を簡単に描いてもらうというものがある。この地図に描かれた世界観はたいていその人が一生抱えていくものだ）。ただ地理的に離れた場所にいて街や国、世界の地図を見るというだけのことで、私たちはもはや「あそこ」ではなく「ここ」にいるのだという実感が強まる。そこで動きはじめる一連の意識は、究極的には私たちが人生に何を求めているかを形成する。すなわちどこで暮らすべきか、どのような価値観を抱くべきか、今いる社会の輪が新しいことに触れる重要性とは何か、何をどのように改めればいいか、ということだ。世界と自分が今いる場所に対する認識を改められるという以上に、地図はさまざまな面で強い力を持っている。

広がる日常の光景のなかに

この本を通じて、私は人々の活動に新しい光をあてる方法を教え、そのなかに仕組まれた社会的な暗号を読み解き、あなた自身の洞察や見識づくり、そしておそらくキャリアに役立てる方法をお見せしようと思う。

まずは人々がすること、そして「しないこと」が切り替わる瞬間を表した、境界線（スレッシュホールド）とでも呼ぶべきものを使って人々のあらゆる行動に意味づけする方法を見ていく。

それから私たちが購入したり持ち歩いたりするものについて、それがいかにして社会における私たちの存在を形成したり代弁したりするか、私たちがそれをどうやって見せびらかすか、またいつ、どうして、どうやってそれを使うと決めるのかを考察する。さらに、二万ドルの携帯電話と歯列矯正のワイヤーに似せた一ドルのニセモノといった例に見る共通性と特異性の問題や、ナイジェリアでのブラックベリーの人気についてアメリカのアイオワ州における新種のトウモロコシの普及が何を教えてくれるのかについても考えていく。

私たちの視点は個人的な空間とテクノロジーから始まり、公共の空間へと広がっていく。私たちがどうやって社会という環境を進んでいくか、どのようなものやテクノロジーが私たちの進む道を照らしていくかに触れ、その例として標識（「飲用禁止」や「犬お断り」など）、ポスター、広告板などがどんな旅行ガイドよりも――どうして人々はあることをして、あることをしないのか――現地の文化について教えてくれるということを挙げる。それから企業と消費者の間でどのように信頼がやり取りされているか、どうしてあらゆる状況のなかに独自の「信頼の生態系」が存在するのかを考えていく。人々が持ち歩くもの（携帯電話、鍵、お金、そのほか生存に必要なもの）が生活について物語ること、そうしたものがデジタル化されて見えなくなったり触れられなくなったりするとどうなるか、そして将来のモバイル製品やサービスを創造するうえで、どのように現代の「持ち歩きの習慣」を分析していくことができるかを考える。

最後に、リソースの限られた人々が複雑な問題に独創的な解決策を編み出していく方法を考察し、ハイテク製品も含めたさまざまなデザイナーや開発者が世界で最も貧しい消費者から何を学べるかを考えていく。それからホーチミンのほこりにまみれたガソリンのボトルやレンガやホースが、どこか別の場所では世界で最も豊富な資金力を持った企業が提供しているサービスの最も純粋な本質を成しているということをお見せする。ややこしい問題にややこしい解決策が結び付くとどうなるか、ということも見ていこう。たとえば、どうして文字の読めない人たちが文字の読めない人用に開発された携帯電話を使うよりも普通の携帯電話で苦労することを選ぶのか、という例を考えてほしい。そして誰かの抱えている問題を解決してあげようとするときに陥りがちな落とし穴やトレードオフ、無知な人々が企業の搾取に対する戦いを進めることでかえって不正義が行われてしまうという例から、良い行いとは何かを考えていく。

複数の章が互いに影響し合っている場合もあり、私たちの道のりは直線というより縦横に飛び交うものになる。説明されている教訓や手法は少しずつ、好きな順番で取り込んでいけばいいが、それぞれを世界を見るためのばらばらのレンズとしてではなく、ひとつのプリズムとして捉えるほうが吸収しやすいだろう。あなたがこの本を読み終わるころには、人間という混沌の絶え間ない流転をよりはっきりと捉えられるようになっていることを望んでいる。その過程で未来、あるいは未来の可能性を垣間見ることができるかもしれないが、いちばん重要なことは、あなたが将来のビジネスに備えるための武器が手に入るということだ。

第１章
心の一線を越える
Crossing State (of Mind) Lines

おそらく、私とあなたが対面するのはこの本が初めてのことだろう。あなたがこの本をどこで、どのように読んでいるかは皆目見当がつかない。それでもひとつあてずっぽうで予想させてもらうならば、どこでこの本を読んでいるにしろ、きっとシャワーを浴びている最中ではないはずだ。浴びていたのなら、お見事。そうでないのなら、こう質問させてもらいたい。どうしてあなたはシャワーを浴びていないのだろうか？

ばかげたことを聞くな、と思われるかもしれない。しかしデザインリサーチの分野においては、この問いかけこそ、まさしく顧客動向の核心をつかみ取る土台になっている。結婚指輪やペースメーカーといった製品でもない限り、二四時間三六五日製品を使い続ける人など存在しない。自分たちがデザインする商品（またはサービス）と顧客がいつ、どこで接触するか。そしてそのとき、どんなことが顧客の行動を決めるか。私と仲間たちはこれらの「**タッチポイン**

ト（接触機会）」と「トリガー（きっかけ）」について多くの時間を割き、頭を悩ましている。この二つを考えることで、今まで満たされていなかったニーズを明るみに出したり、顧客が使う状況に合った商品やサービスを仕立てたりできる。だが、タッチポイントとトリガーについて理解を深めるためには、まず顧客が商品を使うときと使わないときの間にある境界線の存在に気づかなければならない。

たとえばカフェに当てはめてみよう。見回してみれば、おそらくたくさんの人がイスに座ってテーブルに置いたコーヒーを飲んだり、誰かと話したり、ノートパソコンに何かを打ち込んでいたりするだろう。探究心あふれるリサーチャーなら、こんなことを考えるかもしれない。なぜ誰もトイレにいないのだろう？　なぜ誰もトイレに行こうとしないのだろう？　ひょっとして、お客に無料でオムツを出すべきでは？

どれほど間抜けに見える質問でも、それは顧客、ひいては人間の動向が何によって決まるのか、というパラメーターをかたちづくる一要素となる。人間は物理の法則や国家の法律だけに従っているのではない。社会の常識、その場の状況、人間同士の関係、性格や認識といったものに目を向ければ、誰かがトイレに行くというありふれたことでさえも、多くの要素が絡んでいるとわかる。デザインリサーチャーの目標はそういった要素をひとつの図にまとめることだ。そして正しい図を描くためには、正しいものさしが必要になる。

線引き仕事

企業が実地調査をする際には、リサーチの回答者から日常の細かい情報を大量に集めることが多い。朝は何時に目を覚ますか、夜寝るまえには何をするか、誰とどこへよく遊びに行くか、どこで買い物をするか、どのブランドの服を着るか、どうしてその服のブランドが好きなのか、誰にどんな用事で話をするか、といったことまで、大いに価値のあることもあれば、まったくどうでもいいこともある。その中からさまざまな道具を駆使して関係のあるものを探し出し、分析していくわけだが、そこでは二つのことが必要になる。まず観測したことに筋道を立てること。次に、そこからクライアントへ正しいと自信を持って言えるほど正確なパターンやトレンドを明らかにしていくことだ。

デザインリサーチにもとづくアイデアは、クライアントや外部の人間にいい加減なものと見られがちだ。現実の世界を調査した結果とともに見せつけなければ、従来の定量マーケティングにどっぷり浸かって育ってきた組織の人々を納得させるには足りない。そういった人々は、アイデアの根源までたどり着けなければ満足できない。

どの実地調査でも、多層的なプロセスがある。インタビューは、まず基本的な理解を深めるための質問から始め、だんだんと推論や仮説に近い質問へと踏み込んでいく。情報集めが終わったらすぐさまメンバーが最寄りのカフェに集まってデータを見直し、何が手がかりになりそうかを意見交換する。データも牛乳も新鮮なうちに使ったほうがいい。分析までに時間がかかるほど、データが本来持っていた意味への糸口がつかみづらくなってしまうからだ。ある程度話がまとまってから、ホテルやゲストハウス、自宅に戻る。そこはノートやアイデアが壁に貼り付けられた「情報本部」だ。情報本部を引き上げるまえには、現地の調査チームとやり取りできるうちに、丸一日かけてデータをふるいにかける。それから本社に戻り、一、二週間かけて、プロジェクトルームの壁にある巨大なフォームボードに張られたデータを、チームとともに段取りよく、さまざまなレンズを通して加工していく。

この段階ではさまざまなデータをひとつのまとまったものさしに凝集していく。(1) 理想的なものさしは混沌としたデータを整然とまとめ、細かな言説、出来事や結果をひとつの物語にできるものだが、そんな都合のいいものは滅多に見つからない。詳しく言えば、リサーチャーにとって良いものさしとはまず、大部分のデータによって立証され、そしてそのどれとも矛盾しない、重大な事実を導き出すもの。次に、さまざまな個人の動向の特異な部分を十分に捉え、かつ過度に一般化せず、できれば異なる時間や場所での動きを一枚の図にできるもの。そして、動きの原因と結果を十分に説明でき、誰かが「もしも」の仮定を考えたとき、合理的な仮説が立てられるものだ。余計な説明を加えることなく、眺めた人がその世界観を自分のもののように理解し、そこから新しい考えを生み出すことができてはじめて、いい仕事をしたといえる。

もし顧客の動向調査に基本となるフレームワークがあるとしたら、それはカスタマー・ジャーニー・マップづくりといえるだろう。カスタマー・ジャーニー・マップは顧客の一日を取り上げて、ひとつの行動から次の行動に移るパターンを示し、そこに私たちがデザインする製品やサービスを利用してもらえそうなタッチポイントを書き出したものだ。見た目はハコのような枠とそれをつなぐ線で構成されていることが多く、基本的な情報の理解に使われる。書式や情報の書き方が非常に細かく形式化されており、ときには機械的な作業でもしているような気分になるほどだが、誰から見てもきちんとした書類に見える。

カスタマー・ジャーニー・マップに代わるツールも数多くある。なかでも「**境界線マップ**」と呼ばれるものは使う人こそ少ないが、うまく使いこなせば人間の多岐にわたる行動をほぼすべて明確化できる優れものだ。

境界線マップの特長は「何も特別なことが起こっていない」状態を描き出せることにある。ある人がほとんど一日中置かれている状況を分析し、それがある**境界線**（閾値、スレッシュホールド）を越えるとどうなるかを理解できるのだ（たとえば、普通の人は普段自分が十分に清潔であると考えているので、今やっていることを突然やめてお風呂に飛び込んだりはしない）。人間の行動や考えが変わるのは、ほとんどの場合、その一線に近づいたか、その一線を越えたときに何かを感じ取るからだ。

製品の研究所や作業室、開発室といった場所は、普段顧客の扱いに製品がどれほど耐えられるかの試験や調査を行っている。製品に添えられている保証書はほとんどの場合「日常的な損耗」を考えて作られるわけだから、何が「日常的」なものかを定義することに多くの調査時間が割かれていることは想像にかたくない。だが、近年世界中の企業が自社の製品を見るだけでなく、顧客の分析を通じてそもそもどういった事情で商品が使われるのかという観点を加えることで、より広い見地からデザインを見直そうとしている。しかし、人間の行動を調べるためには、研究室から飛び出し、人々が置かれた普通の日常に足を踏み入れていく必要がある。

誰かが自身の行動を変化させる一線を越えるとき、あるいはその一線を超えないように別の行動を起こすときは、しばしばその人自身の満足度と、周囲の状況に合っているかどうかという二つのことが影響している。したがって境界線の内側と外側に何があるのかを知りたいデザイナーは、その人の置かれた状況がどういうもので、それを変化させる可能性のあるものは何かを把握する必要がある。

商品開発室による日常的な使われ方と（おそらく保証の対象外である）日常的でない極端な使われ方の分析と同じように、デザインリサーチは日常とそうでないものの境界線を理解する助けとなる。そして、その境界線を他人に伝える方法として、最も強力な方法が境界線マップだ。

境界線マップ入門編

「**快適境界線**」は、人が何かの意思決定をする際に肉体や精神がどのような状態に置かれ、その状態の維持や回復をするためにどのような行動をとるかを理解するうえで必要となる。まずは基本的なことを理解してもらうため、誰もが毎日コントロールしている境界線、「空腹」を例に説明してみよう。

まず午前〇時一分から始まり、次の日の午前〇時ちょうどで終わる時間軸を横軸として思い浮かべてほしい。次に、自分が起きる時間と寝る時間に目印をつけ（ここでは夜寝たら朝まで眠れることにしておく)、その一日の生活が思い浮かべられるように、自分が行く場所と時間を並べていってほしい。たとえば自宅、通勤、仕事、カフェで昼食、帰り道で買い物、そして帰宅、といった具合だ。今回は特に食事やおやつを口にする瞬間が重要だ。そこに、おなかがどれくらい減っているかの具合を縦軸として、三本の折れ線グラフを書いていく。一本目は自分のおなかの減り具合の変化。二本目は最高境界線、つまり十分におなかがふくれ、これ以上は何も食べたくない、という線だ。三本目は最低境界線、すなわちこれ以下はおなかが空きすぎて他のことが手につかない、という線だ。二本の境界線の間があなたにとって落ち着ける領域、すなわち**「快適ゾーン」**であり、普通ならおなかの具合を快適ゾーンの内側で収めるために手を尽くすことになる。

胃袋が破裂しそうになるまで食べ続けたり、餓死寸前まで断食したりするような変わり者でない限り、この境界線は絶対不動のものではないし、そもそも、直線にはならない。さまざまな状況によって、境界線は上下に変動するのだ。たとえば、大事な試験が控えているから糖分を多めにとりたい、という場合なら最低境界線は上昇する。逆に、仕事で疲れ切って、おなかがなっていることすら気がつかずベッドにもぐりこんだ、という場合なら最低境界線は下降していることになる。

当然、おなかの減り具合も変動するものだ。何も口にしていない時間が延びるにつれてゆっくりと下降線をたどり、最低境界線に近づいていく。常におなかの具合を快適ゾーン内に収めようという計画性のある人物であれば、だんだん最低境界線に近づくのを察知し、そこに到達するまえに何かを食べようとするだろう。そして、今度は最高境界線を上回るよりまえに食事をやめる。どんな人でもすっきりとパターン化された図を思い浮かべることができるのではないだろうか？

とはいえ、ほとんどの人にとってこの図はあまり現実に当てはまらない。日常の法則から外れる瞬間は多く存在するからだ。寝坊してオフィスの隣にあるカフェに駆け込み、人気のベーグルの誘惑に負けたり、昼食をとったばかりでおなかはまったく減っていないにも関わらず、その日が誕生日の同僚のために、付き合いでケーキを食べなければならないというプレッシャーを感じたり、残業の帰りに寄ったスーパーで空腹とベーカリーから漂うおいしそうな匂いに負けて、ついついショッピングカート一杯に食料を買い込んでしまったりすることもあるだろう。快適ゾーンの変化は自分が直前に食べたものに影響されることが多いが、もしかしたらこの一連の文章を読んだだけで変化した人さえいるかもしれない。

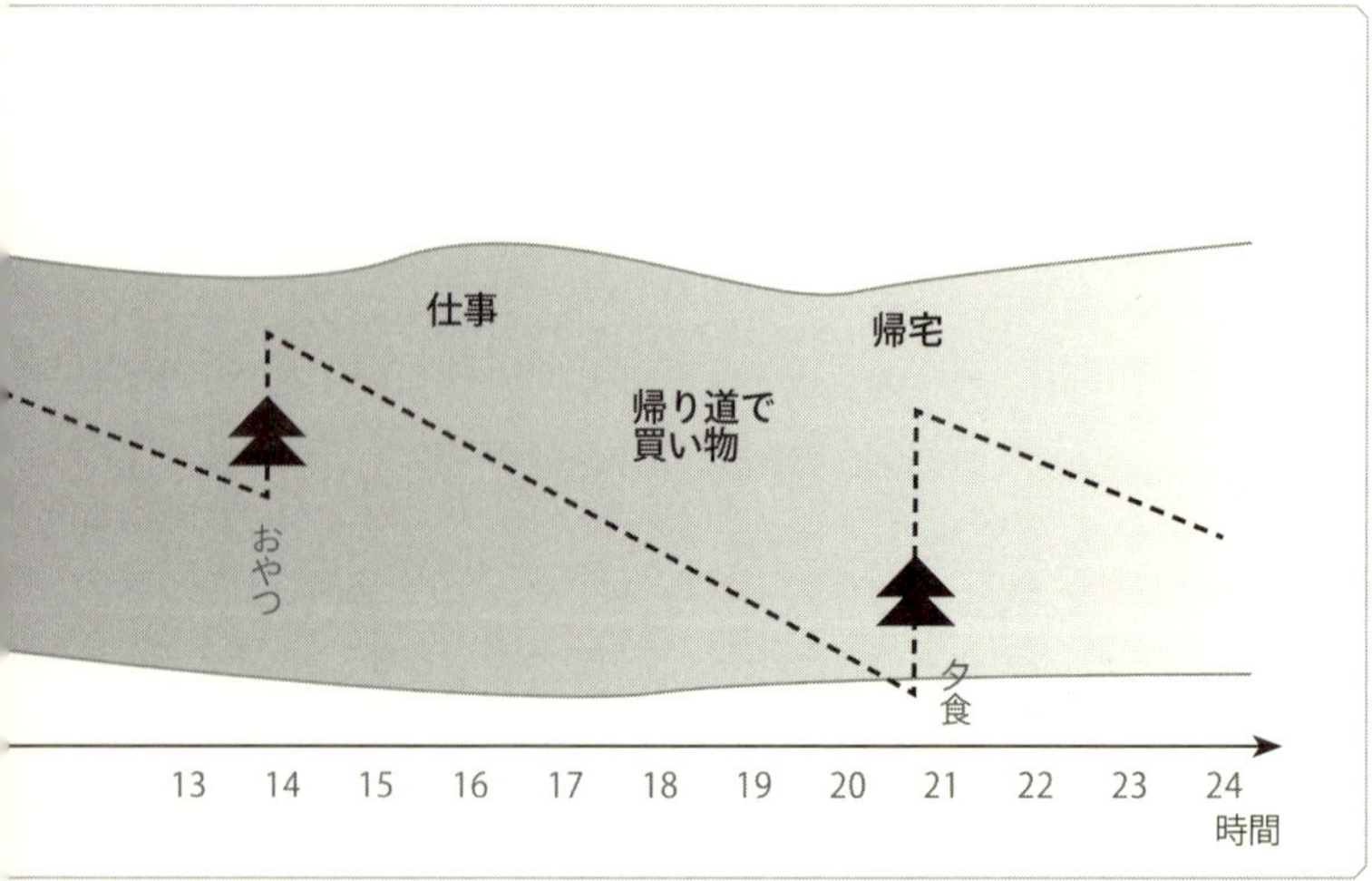

さらに、ラマダーンの断食や収穫祭の大食い大会といった極端な例を考慮に入れれば、境界線はもっと劇的に変化する。せっかくきれいにまとまった法則で動いているシステムがこういった外的な力で歪められることもよくあるが、境界線マップの素晴らしいところは、それらによって起こる変化をすべて考慮に入れてもせいぜい三本の折れ線の上下動が激しくなるぐらいで、全体図は変わらずきれいに作れるということだ。

さらに、さまざまな人の快適境界線を図にして比べることもできる。二〇歳のスポーツ選手と四五歳のビジネスマンの「空腹」の快適境界線はどこが違うだろうか？　ダイエットに成功した人や過食症の人の差はどうだろうか？

このように、境界線マップは簡単なものではあるが、人々が何をして、何をしないかの理解を大きく深めることができる。人がどういうきっかけで快適ゾーンを飛び出してしまうような行動に駆り立てられるかを、そして何より、それはなぜかを浮き彫りにすることも

空腹の快適境界線イメージ図

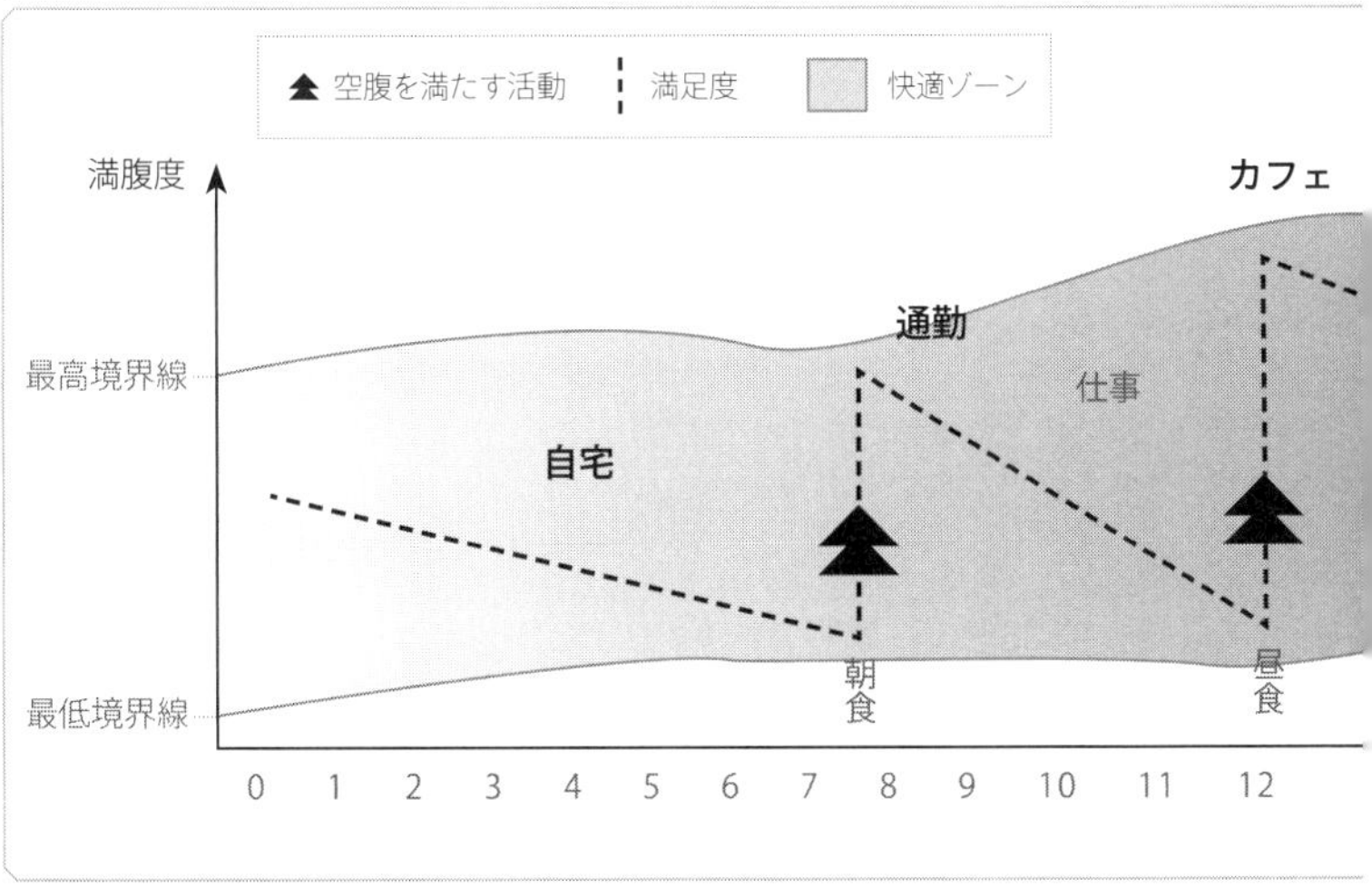

できる。この図を使えば他人にも基本的なことをすばやく理解してもらえるし、例外が起こっている部分については説得力のある仮説を作ることができる。

普通でない状態

快適ゾーンは社会や個人の世界観から生み出された「普通の」状態を示す領域であり、多くの人にとっては理想や標準となる状態である。一方で、必然的にその外側には「普通でない」状態があることを示唆している。食事の例でいえば食べ過ぎや極端な空腹といったような、一線を越えた望ましくない極限状態であり、自ら望んで踏み込んでいくことはほとんどない。もし踏み込んでしまったら、できる限り早くそこから抜け出そうとするだろう。研究所で製品が壊れる原因を探すことと同様に、人を極限状態に駆り立てる原因を探すことで明らかになることも多い。個人的な経験を語らせてもらうと、企業のリサーチャーは普通の状態についてはよく理解しているが、普通でない状態がどういうものかについては理解に苦しんでいることが多い。それはつまり、異常を引き起こす力となるものを理解できていないのだ。

考えてみてほしい。一時間メールをチェックしないことはどれくらい居心地の悪いものだろうか？　あとでカップケーキを安心して食べるためには、ジムでどれほど運動しなければならないだろうか？　どれくらいボロボロになったシャツなら捨てても未練がないだろうか？　家にある壊れかけの置物がだんだん目についてきて、とうとう修理しようと決意するまでにはどれくらい目ざわりになっているだろうか？　快適ゾーンを外れる理由になるものと、再びゾーン内に戻るために必要な行動を分析すれば、それまで目につかなかった大きな違いを作るものが見えてくる。メールを見逃さないようにソフトウェアを微調整する、新しい価格帯のエクササイズマシンの使用料を検討する、古着をリサイクルすれば空きスペースが生まれることを認識させ新しい消費行動に結び付ける、あるいはご近所で日曜大工の道具を共有する仕組みを作る、といった具合だ。

こういった快適境界線は明示的なものであれ、そうでないものであれ、人の意思決定の根幹に関わっている。だが、人がいつでも境界線を維持しているかどうかはまた別の問題だ。なぜ、またはどうやって判断基準を見失うのか、これまで多くの研究が行われてきている。

たとえば、カジノはアルコールや無料の食べもの、酸素濃度の高い空気などを駆使して顧客を快適ゾーンから釣り出し、リスクの高い賭けへと引きずり込むことに熟達している。[2]　心理学の研究によれば、空腹や睡眠不足、決定疲れ（何らかの意思決定を続けることで精神的な負担のかかった状態）は強固な自制心さえも失わせることができると言われており、[3]　消費者心理学の研究者はちょっとした音や照明の違いで非合理的な衝動買いを引き起こすことができると論じている。[4]　リチャード・セイラーとキャス・サンスティーンの『実践　行動経済学』（日経BP社、二〇〇九年）では「選択アーキテクチャー」と呼ばれるものが紹介されている。[5]　これはデフォルト・オプション（あらかじめ、何も言わなければどちらになるか決まっているもの）を設けて、どちらがいい行動かを強制することなく暗に示すような仕組みのことだ。これによって、良い選択、あるいは一般的にそう言われる選択をするように人を動かすことができるという。ここで紹介した例はすべて、人々の普段の行いはたやすく変化させられるという無数の事例のごく一部に過ぎない。

これが境界線マップとどう関わってくるのだろうか？　デザインリサーチは人の行動に影響する要素を分析することに長けた分野である。これまでの例からおわかりの通り、意思決定に関わるパラメーターは絶えず変動するが、ほぼ予測できる範囲内に収まる。境界線マップなら、自分の手にしているデータがどんなものであってもパラメーターの変動を表現できる。しかも行動に目に見える変化がない場合でさえも例外ではないため、行動が変化する直前の最も隙が大きい時と場所を洗い出すこともできる。もしあなたがダイエットのためにお菓子を食べたいという欲望を抑えているなら、自分の空腹具合だけでなく、最低境界線を引き上げ、無意識に自分の意思決定を変えさせてしまう何かが身の回りにないか気を配るとよいだろう。逆にあなたがお菓子を売る側なら、空腹で肉体的にも精神的にも疲れ切った通行人を見つけ出し、ちょっと食欲に訴えかけるとよいだろう、ということだ。

清潔、ぴかぴかの境界線

さて、そろそろ最初の質問に戻ろう。どうしてあなたは今シャワーを浴びていないのだろうか？　快適境界線というものさしを用いるなら、あなたの衛生状態が最低境界線の上、快適ゾーン内のどこかで落ち着いているから、という単純な答えが出せる。しかし、それが最低境界線を下回るのはどんなときだろう？　逆に、どうすれば最高境界線を越えた向こう側、自分の衛生状態に絶対ゆるぎない自信が生まれる領域に踏み込めるだろう？　実を言うと、この質問は私たちがある大手高級トイレタリー用品のブランドから依頼を受け、身だしなみの手入れに関するデータをまとめたときに生まれたものだ。

このときの調査ではアジア圏の大都市に住む人々を対象に、それぞれの身だしなみに関する習慣や動機、そこから起こる結果などについて大規模な聞き込みを行い、自宅での生活や社会生活、恋愛事情や仕事事情、そしてそれぞれの場面で感じるプレッシャーといったものを理解した。多くの人がいつ歯を磨き、いつ髪をブラッシングするかという事実や、お風呂に入ることと流し台の前に立つことの違い、朝のシャワーと夜のシャワーの意味合いの違いなどといった細かいことも明らかにしたほか、回答者の通勤ルートを自分の足で調べたりもした。そうして集まった情報をもとに、回答者それぞれの典型的な平日と週末の過ごし方のデータを作り、身だしなみを整える動機ごとにカテゴリーを分けることができた。いい異性との出会い、会社での出世、あるいは口臭や体臭対策などといった具合だ。

それぞれのカテゴリーごとに習慣の微妙な違いも見られた。出会い目的の人は土曜にクラブへ行くまえ、一時間以上を鏡の前で費やしていた。出世志向の人のなかには上司が歩いてくるたびにブレスミントを口に含む人もいた。他の人たちにハッキリと避けられるようになったと感じるまで一切何もしない、などというずぼらなタイプの人物もいた。どこに分類される人々も自分の快適ゾーンにとどまるよう行動していることは共通しているが、境界線マップにして眺めてみると、その広がり方はずいぶんと異なる。

ところで、これまで境界線マップの専門用語として「快適ゾーン」という言葉を使ってきたが、実のところ名前は「なんだか落ち着くゾーン」でも「だいたいオッケーゾーン」でも何でもいい。結局のところ、バロメータの根拠になるものはその人自身の主観だからだ。ともあれ、このゾーン内に誰かがいるということは、その人はほぼいつも通りの状態でいつも通りの生活を送っている、と考えられる。それはつまり、今回の調査対象である「身だしなみを整える」という行為をしていない典型的な状態だ。

この調査の結果、清潔な見た目でいようという欲求に関しては、世間の目に対する配慮と自分に自信が持てるかどうかがすべてであり、身体の快適さは実のところほとんど関係ないということがわかった。回答者の大部分は自宅で過ごしているあいだ、身だしなみにはほとんど気をつかっていない。家で身だしなみを整えるのは、大部分がこれから誰かに会うという場合であり、また外出先で身だしなみを整えるのは大部分が差し迫った不安や恥ずかしさをどうにかしようとした場合だった。

このデータを参考に分析するなら、最低境界線はその人が身だしなみを整えない限り誰とも会いたくない（あるいはデートや会議といった目前の人付き合いを避けたい）、と思う境界線であることがわかる。これより下は事実上「恥ずかしいと感じる領域」であるわけだ。一方の最高境界線は見た目に絶対の自信を持っており、「スーパーモデルでも大統領でも連れてこい！」と感じる境界線になる。

男性ビジネスパーソンの衛生状態の快適ゾーン

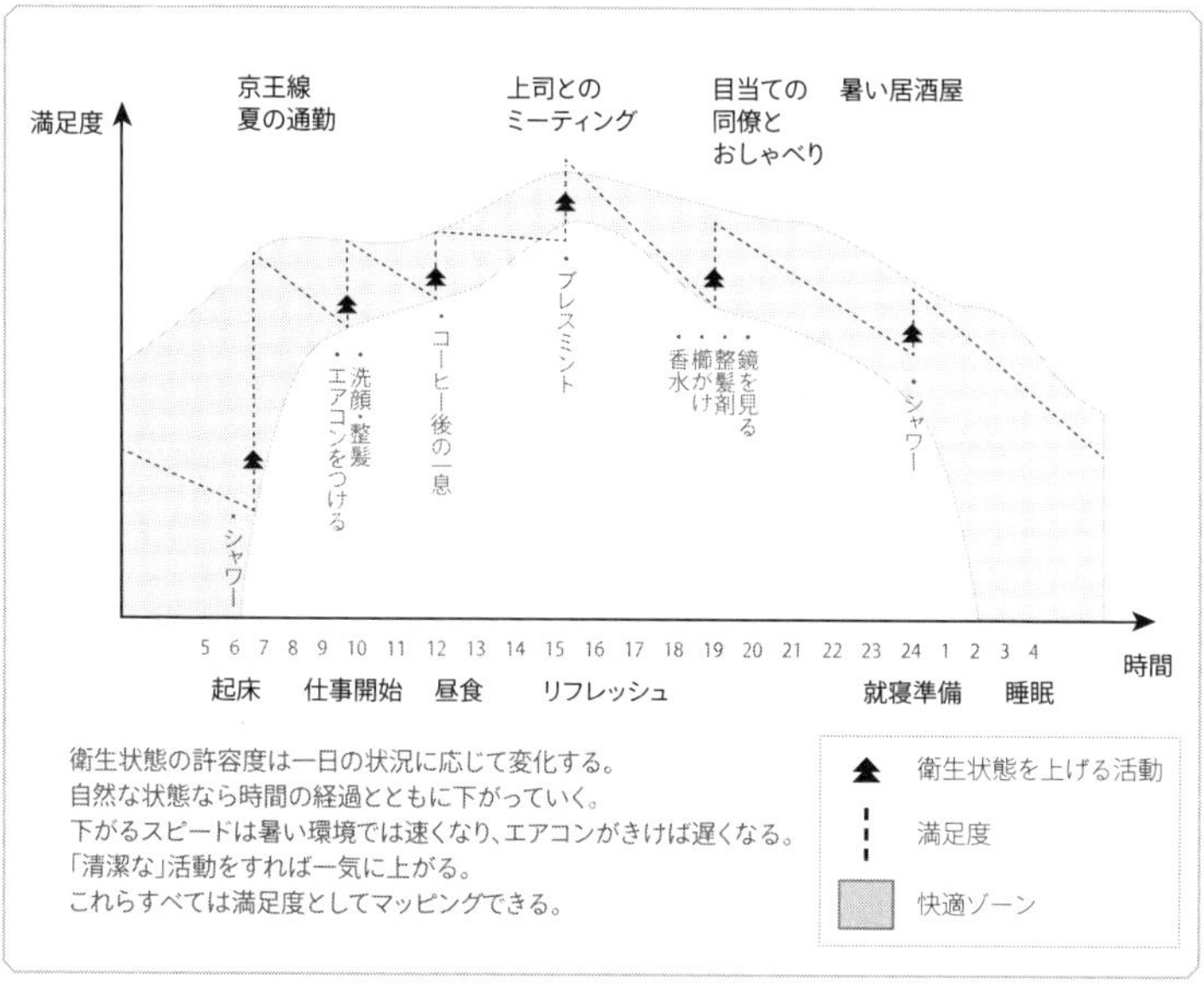

特に歯ブラシやシャワー、着替えといった身だしなみを整える道具が足りない状況で最低境界線を下回る状態に置かれた場合、人は最高境界線を目指すわけでもなく、最高と最低の中間地点を目指すわけでもなく、ただ一刻でも早く最低境界線の直上ギリギリまで戻ろうとする。「口臭対策」とラベルに書かれたブレスミントを口にしたり、顔に冷水を叩きつけたり、化粧を簡単に直したり、果ては友達から安心するような言葉をもらうだけといったものまで、あらゆる手段を使って、少なくとも、まずまずだと感じようとするわけだ。最高を目指して徹底的におしゃれをすることとは、何よりも動機が

異なる。逃げ隠れせずにすむ程度に安心できるものでいいのか、それとも細心の注意を払って完璧を目指すか。目ざといマーケティングのプロなら、ここからそれぞれに合わせて「手間をかけずに人前に出られる」と「スターになれる」という二通りのメッセージを見出すだろう。

快適境界線というレンズを通じて顧客動向を分析する際、特定の国や町、その他の文化的な慣習といった社会の規範はカメラの絞りのように快適ゾーンを狭めたり広げたりする。シリコンバレーのビジネスマンであれば、チノパンを履いていても構わないし、タトゥーが見えていようが、多少服装が乱れていようが問題ないだろう。一方、日本のビジネスマンであれば服装はより厳しくチェックされ、快適ゾーンはかなり狭いものになる。どれほど着心地が悪かろうと見た目を崩さず、型にはまったスーツにワイシャツ、靴を着用することが期待されるだろう。日本人ビジネスマンの快適ゾーンは非常に狭い。政府が省エネのためにエアコンの設定温度を二八℃に上げる運動を行った際、わざわざクールビズと銘打ってマーケティングキャンペーンを展開し、上司が服装の緩みを理由に部下をクビにしないよう働きかける必要があったほどである（具体的には、二〇〇五年の「クールビズ」、二〇一一年の「スーパークールビズ」の二回を経てようやく日本のビジネスマンに定着した）。[6]

異なる文化間における行動を比較する際、ある人の快適ゾーンや習慣がその場に合わせてどう変化するかを考えることは有意義だ。たとえば、ネパールの田舎に住む工場労働者と、首都カトマンズの近くで働く教師とでは、彼らを取り巻く社会的な体臭の許容ラインはどれほど違うだろう？　行動がどのように変化するか、またどのような理由でいつそうなるのか、なんとなく想像できるはずだ。あなたが海外に出張する（あるいはとにかく現地の人に好感を抱いてもらう必要がある）ような場合には、服装や身だしなみ、お金の持ち歩き方、さらには酔っ払いへの寛容さといった文化的な指標に注意を払い、それに合わせて自分の快適境界線を微調整するのが賢明だろう。

暴動か、静観か

ここまでは境界線マップを個人の行動やその動機を分析するものさしとして説明してきた。しかし、社会学者マーク・グラノヴェッターによれば、境界線マップの有用性は個人の行動を裏付ける要素の分析にとどまらず、集団による行動の分析にも見ることができる。(7)

一九七〇年代後半、グラノヴェッターは「社会のルールという暗黙の了解に従って動く民衆がそこから外れた行動をとりはじめるのは、ルールが突然に変化したからか？　それとも個人の動機がさまざまに絡み合って予想のつかない結果を生んだからか？」というはなはだ厄介な問題に取り組み、仮説として一〇〇人の群衆が広場に集まっている、というモデルのシナリオを二つ考えた。ひとつ目はこうだ。最初の一人である扇動者が窓を割ろうと石を投げ、それに二人、三人と続き、やがて完全な暴動に発展し、翌日には「過激な群衆が暴徒の群れと化した」と報道される。もうひとつのシナリオでは最初の一人がやはり石を投げて窓ガラスを割るが、そこに誰も続くことなく、翌日には「人騒がせな扇動者、善良な市民は誰も相手にせず」

と報道される。さて、両者には一八〇度といってもいいほどの違いがあるが、集団の行動にそのような違いが生まれるのはなぜだろうか？　九九人のろくでなしがたちまち善良な市民に変わってしまうような何かが存在するのだろうか？　グラノヴェッターによれば、その違いを生むものはたった一人の違い――ほんのわずかな倫理観の差――でしかない。

ここで、群衆はそれぞれがリスク（逮捕される可能性）とリターン（うさ晴らし）を天秤にかけ、個人的に判断を下すものであると考え、そのうち何があろうと行動を起こす扇動者以外の九九人はみな、群れが大きいほうが安全だと考えるものとする。特に過激な何人かはすぐ扇動者に続き、おそらくそれからさらに数人が動き出す。保守的な人物はあたりのほぼ全員が参加するまで様子を見るだろう――それはつまり、人数という快適境界線の違いで説明できる。扇動者の快適境界線はゼロ、最も穏健な人物の快適境界線は九九（何があっても暴動に参加しない人物は考慮しない）だ。

最初のシナリオでは快適境界線の分布が均一であり、扇動者の直後に快適境界線が一の人物、二の人物、三の人物と続き、最終的に全員が暴徒となる。ところが、二つ目のシナリオでは快適境界線一の人物が存在せず、かわりに快適境界線二の人物が二人いる。扇動者が石を投げたあと、快適境界線二の人物たちが、他に続く者はいないか（いれば自分も参加しよう）とキョロキョロあたりを見回すが、誰も続かない。このように、九九人はほぼ同様の性質を持ちながら、今度は快適境界線が突破されず、まったく異なる展開になる。

グラノヴェッターのモデルはあくまで机上の理論だ。快適境界線九八の人物が二人だったなら、結局ほとんど同じ結果になっていたということもできるだろう。それでも、周囲の様子に影響されるような動機を抱えた個人の集まりであれば、ちょっとした違いで個人と集団双方の行動結果に大きな違いが生まれることもありうる、と考えるには十分である（グラノヴェッターは他にも、住宅街の人種の偏り具合や評判が消費者に与える影響といった、集団全体の動向が個人の快適境界線に影響される例を挙げている）。[8] 投資商品の注意書きでよく見かける通り、「過去の実績は将来の利益を何ら保証するものではありません」というわけだ。

しかしながら、私たちのほとんどは将来の結果をあてにビジネスをしている。世界中に影響を与えたいし、大ブームを引き起こしたいし、みんなに注目されたいものだ。一見、境界線マップは結局のところ過去から現在まで、それも人生の変化というより日常を映し出すだけの道具であり、大して役立ちそうに見えない。しかし、未来を見通す道具でないとはいえ、そこから導くことができる観点は十分に価値がある。普通の行いや良い行いの境界線、そしてその線から外れた場合に起こることを示せれば、人々の役に立つ新しいツールをどう作れるかを考えられるようになる。そのツールとは、人々が自分の快適境界線を定めたり、それを意識して行動したり、さらには境界線を拡張したりすることを支援するようなものだ。

未来の境界線マップ

デザインの大変革に紆余曲折はつきものだが、快適境界線という観点からはある程度のパターンが見受けられる。デザイナーはまず快適境界線の存在を打ち立て、それを正確に突き止め、快適ゾーン内に収まる方法を模索し、それからゾーンを広げる方法を探らなければならない。人類が歴史上どのように眠りの快適境界線と付き合ってきたか、少し思いを馳せてみてほしい。

紀元前四〇〇年ごろの哲学者プラトンは、夜な夜な対話を通じて哲学を論じたことで知られている。しかし、日が昇るまでの時間をどうやって測るかはプラトン自身にとっても生徒にとっても問題であった。夜間に日時計を使うことはできないので、プラトンは水の滴りを利用し、一定時間がたったあとオルガンのような音が鳴るという時計を作った。この水時計はあまり正確なものではなかったが、プラトンのもとで学ぶ生徒たちにとっては共通の快適境界線を決定づける道具になった。「寝坊は失敗のもと」ということわざを生んだのはプラトンだったということもありうる。まあ、それを弟子のアリストテレスがうっかり寝坊して後世に伝え損ねた、ということもあるかもしれないが。

それから二〇〇〇年ほど時がたち、産業革命で寝坊することの意味が再び変化した。労働者全員が揃わないと工場が稼働できなくなってしまうため、時間を守ることがより厳しく求められるようになった。機械式の目覚まし時計が一般に広められたが、この時代ではまだ十分信頼できる道具ではなく、少なくとも遅刻の正当な言い訳として認められるほどには信頼されていなかった。機械は頼りにならないが、どうにかして労働者に時間を守らせる必要がある。結局、工場の持ち主たちが行き着いた方法は、人を雇って労働者の家を回らせ、ドアや窓を叩いて起こすことであった。こうして「目覚まし屋」という専門職が生まれた。

それからさらに時は流れ、人類は時間を寸分の狂いなく測ることができるようになった。現代の私たちはあとどれだけ眠っていられるかを正確に知ることができるわけだが、残り時間が減るほど余計に眠りが浅くなってしまうということも知った。人類は快適ゾーンを死守するため、目覚まし時計を発明し、さらには、眠りの周期を分析して最も起きやすい時間を計算し、その瞬間にできる限り優しく気持ちよく起こしてくれる機能を持った、Ｓｌｅｅｐ Ｃｙｃｌｅというアプリまで開発した。

これまでに眠りの快適境界線が生み出され、それが正確に測られるようになり、さらに快適ゾーンに収まるための方法が考え出されてきた。次の段階は快適ゾーンを操ることだ。カフェインはある意味そのための道具として長い間使われてきたが、コーヒー依存症の私たちでさえもまだ眠りを完全に支配しているとはいえない。しかし、軍事研究の分野で、オレキシンＡと呼ばれる脳内ホルモンを投与されたサルは、三六時間無睡眠のあとで認知力テストを受けても、しっかり眠っているサルと同じ程度の結果を出せるという実験結果が発表されている。(9) もしかしたら私たちも一〇年後には毎日カフェでオレキシンＡの入った何かを飲み続けているようになるかもしれない。三〇時間連続で働き続ける同僚たちを尻目に、あえてオレキシンＡを飲まない人たちにかかる社会的なプレッシャーはどれほどのものだろうか？　ピンと来ないなら、医者や看護師、トラックの運転手や戦闘機のパイロットなど長時間勤務を強いられている人にでも、どう思うかを聞いてみるといいだろう。

次に、お金という私たち全員が使い慣れたものに話を移そう。快適境界線を基準に生み出されたモデルがより良いサービスづくりに役立つ、という事例がある。

二〇〇九年、私はノキア社で新興国向けの携帯電話を使った電子マネー事業について調査したことがある。[10] 当時、世界中ではおよそ三五億人が銀行と縁のない生活を送っていたが、そのうち約半分は携帯電話を持っていた。ノキア社はユーザーが業者に現金を渡す代わりに携帯電話に電子マネーを受け取り、それを使って安全なお金の持ち歩きや料金の支払い、個人間の送金などができる、「ノキア・マネー」という名の携帯電話システムを開発中だった（ノキア・マネーは二〇一一年、インドから展開を始めている）。[11]

調査のために中国、インドネシア、マレーシアの三カ国を訪れ、路上をたむろする労働者に話を聞いたり、家までお邪魔したりして家族の話を聞くなど、さまざまな社会階層の人々からお金の使い方や貯め方、持ち運び方を徹底的に調べた。財布を持ち歩くか持ち歩かないか、その理由は何か、普段はどれくらい持ち歩いているのが理想的か、そして大金を持ち歩いているときや逆にほとんどお金を持っていないときにどう感じたか、といったことまで質問した。他にも、盗難や使いすぎ、そして財布の中身を使い切って立ち往生してしまう、といったさまざまなリスクをどうやって回避するか、ということも聞いた。

回答者の多くはそれぞれの戦略を持っていた。財布が空になってしまったら、別のどこか（靴下やポケットのほか、特に治安の悪い地域では服に直接縫い込むなど）に隠してある予備資金でATMや銀行、あるいは自宅まで乗り切るというものが多かった。特に印象深い点は、予備資金の存在が、不安の喚起と解消という両方の作用を起こしていたことだ。覗き込んだ財布が空っぽ、という事態は恐ろしいものであり、深刻な境界線に立たされたという信号だ。しかし、予備資金があれば本来「死活問題」の境界線がただの注意信号に緩和される。都会の真ん中で立往生する必要はなくなり、ただお金の使い方が少し変わる、というだけだ。

お金のことを考えるうえで、空の財布は強烈かつ明確な信号になるだろう。頭の内側で何が起こっているかという話をすると、心理学者によれば、悲惨なことが起こりそうだと考えている人は脳の島皮質と呼ばれる部位が活性化するという。[12] 島皮質は悪臭や恐ろしい映像、あるいは予算オーバーの高級な靴といったものに直面したとき、不快な感情を生み出す部位だ。

しかし、クレジットカードやデビットカード、モバイルマネーといったものを使っていると空の財布を目にすることがなくなってしまい、島皮質に判断を任せることができなくなる。だが、そこにサービスをデザインする余地があるわけだ。

Mint.comというウェブサイトはユーザーがこの注意信号を活用できることを目指したサービスを提供している。これを利用すると銀行預金の残高やクレジットカードの残り、金融商品や各種料金の請求といったものを一括管理し、予算や貯金目標を設定できる。予算を超過したり預金が残り少なくなったりしたとき、他にも資金に大きな動きや怪しい動きがあったときにはユーザーに通知が届く。このサービスは非常に人気が出たため、多くの銀行が同じような通知サービスを作って追随せざるを得なくなったほどだ。

私たちはこの快適境界線の存在を知り、いまや自分自身で能動的に設定できる方法がある。

どういったものを作れば顧客が快適ゾーンにとどまることを助けられるだろう? どういったものを作ればそれをさらに広げることができるだろう? そのうち誰かがユーザーの買い物の傾向や予算を学習して、買い物リストを自動的に作ってくれるサービスを作るかもしれないし、もっと未来には勝手に注文までしてくれるようになるかもしれない。

金づかいの快適ゾーンの話をするなら、もう一方の端にも革新を生み出す余地のある快適境界線がある。煩わしさの快適境界線だ。行動経済学には心理的取引コストと呼ばれる言葉があり、お金を使うかどうか考えるたびにかかる精神的な負荷のことを指す。[13] この心理的なコストが商品を買うメリットを上回った瞬間、煩わしさの快適境界線を越えた、ということになる。たとえばかわいいネコが宇宙に浮かんだ合成写真を見るためにお金を払うとしても、一枚一枚見るたびに代金を意識するのはいやだろう。[14] 一般的には雑誌を一部ずつ販売するよりも定期購読サービスのほうが消費者に好まれるし、たいていの人は現金の持ち合わせがあってもレストランではクレジットカードを使って支払いを済ませる(物理的にお金が減るよりも目に見えないお金が減るほうが心理的コストは少ない)。[15] コンテンツ課金式のインターネットサービスが失敗した理由も、多くはそこにある。

煩わしさの快適境界線における問題解決とは、こういった精神的コストを拭い去る方法を見つけることだ。たとえば意思決定を何かに任せてしまう方式でもいい。自動車に駐車場の料金や空きを表示するシステムがあったとして、少しでも目的地の近くにある駐車場のほうがいいか、それとも百円安くなるなら二ブロックぐらい歩いてもいいかといった個人の好みに応じて使うべき駐車場を判断してくれるシステムや、駐車料金を自動的にクレジットカードや銀行預金のデビットカードから引き落としてくれるシステムといったものだ。

果たして、未来が確実に私の言った通りになるだろうかといえば、断言はできない。快適境界線も境界線マップも、あくまで現在を分析するためのものさしに過ぎないのだ。しかし、現在を理解すれば、未来のデザインを考えるうえで絶好のスタート地点に立てることは確かだろう。

100

第2章
日用品による社会生活
The Social Lives of Everyday Objects

古代ローマの民族衣装であるトーガは、黎明期には老若男女、さらに階級を問わず着られるものであった。皆が同じように着ていたから、「オシャレで現代的な若者」や「権力を握っているえらい人」といったことを服で表すのは困難だった。せいぜい、裁判官や高僧がトーガのふちを紫色に染めて、有力者であることを誇示していたぐらいだ。しかし、紀元前二世紀ごろには、トーガは公職に携わる男性だけが身に着けるはっきりとしたステータスシンボルとなっていた。法律によってトーガを着るべき人、着てはならない人、そして誰が何色を着るべきかまでが明確に定められていたのである。女性はトーガを着ることが禁止される一方、売春婦だけが差別的なシンボルとしてトーガの着用を強制された。さらに、紫色のトーガは最高権力の象徴となり、王——皇帝出現以降は皇帝——だけが着用するものとなった。(1)

何気なく使われている日用品を突然に権力の象徴として広めるなんて勝手すぎる、と思うかもしれない。だが、ブランド志向と誇示的消費が広がる現代文化において、私たちが棚に飾っているような既製品のほぼすべては消費者個人のアイデンティティーを裏付けるものであるとみなせるのではないだろうか。上っ面のステータスシンボルにこだわりすぎるのは揶揄《やゆ》されるべきだが、そうした連中に限らずとも、私たちは宝石やクルマといった露骨なものから、トイレに持ち込む新聞や本といった目立たないものまで、ある程度のこだわりを持ち、自分の人間性の一端を語るネタとして使うものだ。ともあれ、ローマのように禁じられた服を着て罰金や禁固刑を科されることこそないものの、現代でもどのような服を着るか、どのように家を飾るか、果てはどのように時計を見るかまで、社会には暗黙のルールが存在している。

ただ、自分が日々の暮らしで心得ているルールというものは、違った社会環境では完全に裏目に出ることもある。大企業では出世した象徴になるようなグッチのスーツが、バーに行けばかえって気取った奴の服装として嘲笑の的になるかもしれない。タブーという言葉はトンガ語に由来すると言われているが、「禁断のもの」そして「神聖なもの」の両方の意味で使われていると聞いても納得できるのではないだろうか?

「かっこいい」か「かっこ悪い」か、「オシャレ」か「ダサい」か、「がらくた」か「宝物」かの基準はしばしばあやふやだったり、判別不能だったりする。無知な消費財企業はトレンド評論家に頼って最先端の若者たちの行動や思考、服装、そしてそれが世間に広まっていくかどうかを知ろうとする。私もそういった仕事をしていると思われがちだが、私はトレンド評論家ではない。たしかにトレンドは時代の指標になるが、流行を仕掛けたり追ったりする人々が次々と新しいトレンドに飛びついていく根底にあるものは、そもそも彼らが最先端であり続けようとする欲求に過ぎない。

トレンド評論家が即物的な流行を追うのに対して、私のクライアントは、人々が自分自身を表現するとき、どのようなものに影響されるかという、より長期的で人間の深層に根差した欲求を知ろうとしている。自分の持ちものを人目に触れさせるということは、その人がどういう人か、またその人自身が自分をどう思っているか、そしてこちらにどう思われたいかを示すことであり、自分というものの玄関口から人を招き入れることにも似ている。ただ、玄関に上がるまえにはまず、あたりの様子を伺っておかなければならないだろう。

演じる役に合わせる

社会学者アーヴィング・ゴッフマンは後世に大きな影響を与えた『行為と演技』（誠信書房、一九七四年）において、社会に働く相互行為の力を演劇的なパフォーマンスにたとえた。[2] つまり、個人はパフォーマーであると同時にオーディエンスであるという。演劇と同じように、それぞれのパフォーマンスは舞台装置の中で行われ、それぞれの場面、すなわち社会的な状況に応じて展開される。パフォーマーは状況を好きなように解釈することができるが、もし解釈が他の人々と一致していないと面倒なことになってしまう。たとえば、友人と車に乗っていて、ラジオから何か流行の曲が流れてきたとしよう。ノリノリで曲に合わせるべきだろうか、それともチャンネルを変えるべきだろうか？　もしかしたら友人が死ぬほど大好きな曲、という場面がすぐさま設定されてしまったせいで、自分は好きでもない曲なのに恥を捨ててエアギターを弾くはめになるかもしれない。あらかじめ設定された決まりごとやふるまい方がある状況においては、居合わせた全員がそれを理解し、その通りに演じることが期待される。そして、この観点から見れば、無礼な行いというものは単に演劇の一場面で演じ方を間違えただけといえる。ゴッフマンは一九四〇年代、ある船員が自宅に戻っても船乗りのマナーが抜けきれず、うっかり母親に「クソバターをよこせ」と言ってしまったという体験談を引用している。(3)

二〇〇五年にノキア社の世話になっていた頃、私はこの説を試してみることにした。ステータスシンボルとしての製品でも、それを誰も知らないところに持ち込み、高価なぜいたく品としてひけらかさずにいれば、私の身分や状況を設定することはできないはずだ。そのときはニューヨークに出張で滞在していたのだが、ヴァーチュ（Ｖｅｒｔｕ）という会社のオフィスを同僚に頼んで臨時で使わせてもらっていた。ヴァーチュはノキアの独立した子会社で、高級志向の携帯電話を扱っている。二〇〇二年に立ち上げられたとき、ＷＩＲＥＤ誌は「ヴァーチュ社はファッションショー開催中のパリでブランド発足の会見を行った。(4)最初の製品は二万四〇〇〇ユーロという飛び抜けた高額商品であり、プラチナ製のケースにサファイアクリスタルのスクリーン、モーツァルトの交響曲が聞けるほどの高音質を提供する、と発表した」と報じた。フィナンシャル・タイムズ誌ではヴァーチュのチーフデザイナーであるハッチ・ハッチソンが「会議で誰かがこの携帯電話を机の上に置いたとき、その人物こそがいちばん大物で

あると思わせる」というブランドのコンセプトを語っていた。それを試してやろうと思ったのだ。(5)

私はヴァーチュのオフィスを出るまえに、ひとつ試しに使わせてもらえないか、と冗談めかせて聞いてみた。先方はそれを快諾し、驚いたことに（私にとっては使い捨ても同然の道具である）携帯電話を鍵のかかった棚から取り出し、渡してくれた。ただ、私はそれを黙って未発売の日本へ持って行った。借りものはGSM規格だから、3G規格の日本では使えない。ドアストッパーの代わりにでもする以外で何か使い道があるとしたら、自分で着信音を鳴らすか、さもなくば国際的なステータスシンボルについてかなり詳しい人以外は誰も知らないような環境で、ハッチソンのねらい通りに注目や敬意を集めることができるのかを試すことぐらいだ。

代官山の高級なカフェでわざと机の上にヴァーチュの携帯電話を置いた私は、あたりの人が何か反応を見せるかどうか様子をうかがった。代官山は高級品を人の目に見える位置に置いても何の心配もいらず、見ず知らずの他人が遠慮せずに興味を持ったことを話し合える場所であるうえに、人々が流行にうるさく、トリュフ犬さえ尻尾を巻いて逃げ出すほどのデザインやファッション、アートに関する嗅覚を持っている。しかし、それでもヴァーチュの意匠や日本人の平均給与九カ月分に相当する「価値」を嗅ぎ分けた人はいなかった。私がその場所で一番大物だと思われていたかどうかなど知る由もないが、少なくとも着信音を聞いてひざまずく人の列ができなかったことは間違いない。

私が二万ドルの携帯電話、ヴァーチュに好感と嫌悪のどちらも抱くのは、チタニウムとサファイア、ガラスの皮に隠れたその中身のせいだ。電子回路やユーザーインターフェースはおよそ百分の一の価格しかしない競合品に使われているものとほとんど何も違わない。ヴァーチュが提案する価値には、一対一のサービスであるという排他性と、目の肥えたお客様のために専門の工房で作り上げられているという考え方が含まれている。しかし、その値札につり合う価値はあるのだろうか? 需要と供給という一般的な経済理論によって動く世界で、合理的な消費者が二万ドルの携帯電話に手を出すことがあるのだろうか? しかも、その次に高い携帯電話でさえ一万九〇〇〇ドルほどの価格差があるにも関わらず、だ。

答えは当然ノーである。しかし、需要と供給だけで経済が動くという考えもまた幻想だ。ちまたにはヴァーチュをはじめとして、値段が上がるほど逆説的に欲しがる人も増えるという「ヴェブレン効果」を利用した商品もあふれている。「ヴェブレン効果」という言葉は一九〇〇年頃の社会学者ソースティン・ヴェブレンにちなみ、その五〇年ほどあとの経済学者ハーヴェイ・ライベンシュタインによって提唱された。[6] ヴェブレンは商品の需要が商品の機能だけではなく社会的な要素によっても決まると主張し、「流行」に乗りたいという欲求（バンドワゴン効果）や人より目立ちたいという欲求（スノッブ効果）にもとづく「顕示的消費」の学説を生み出した人物である。

『有閑階級の理論』（筑摩書房、一九九八年）においてヴェブレンは、支配するものが支配されるものと自身を区別する方法や、富裕層が自身の優位性を互いに見せつけ合う方法をおおまかにこう述べている。[7]「人々の尊敬を勝ち取り保持するためには、たんに富や力を所有しているだけでは十分ではない。富や力は、証拠をもって示される必要がある。というのは、尊敬が払われるのは証拠にもとづいたときに限られるからである。そして富の証拠は、所有者の枢要《すうよう》さを他人に印象づけ、その印象をおこたりなく生き生きと保つのに役立つだけでなく、自己満足を作り上げ維持するのにも、少なからぬ効果をもつ」。我消費す、ゆえに我あり、だ。

地位を表すものを身に着ける、ということは自己のアイデンティティーを確立することでもあるが、同時に相対的アイデンティティー、すなわち他者との違いを確立することでもある。金持ちがぜいたくすることは、貧乏人にできないことができる、という力を見せつける方法のひとつだ。ヴェブレンは「財についてであれ、サービスや人間についてであれ、その顕示的消費の進化の全体を貫いている明白な合意は、消費主体の名声を効果的に上昇させるためには、それは過剰な支出でなければならない、ということである。名声に値するものであるためには、それは浪費的でなければならない。生存必要最低限さえをも満たしていない赤貧の人々と比べる場合を除けば、たんなる生活必要品の消費から生じる利点など、ないに等しい。どうしようもないほど平凡で、しかも人の気を引くこともない上品さを除けば、そのような比較から支出の標準など生じるはずはない」と辛らつな意見を述べている。

皮肉な言い方ではあるが、ヴェブレンの主張は二つの点で的を射ている。まず人が地位を追い求めるうえで、かたちのある力の証明が必要になること。そして俗な考えではあるが、虚飾をひけらかすことはその人が貧しくないという強力な証明にもなるということだ。しかし、オランダの研究者たちはぜいたく品にただ金持ちのオーラを出せるという以上の利益があること

を見抜いている。(8)

ティルバーグ大学のロブ・ネリッセンとマージン・マイヤースの二人はブランド衣類が社会に及ぼす影響を研究し、高級ブランドのラベルがついたもののほうが就職の面接、慈善事業への寄付やお金の取り分を交渉するゲームで有利に働くことを発見した。あるショッピングモールへ助手を送り、調査を行うという名目で人々に話しかけさせたところ、トミー・ヒルフィガーのロゴが入ったセーターを着ていた場合は五二パーセントの人が調査への協力に同意したのに対し、ブランドものでないセーターを着ていた場合は一三パーセントしか同意しなかった。一方で、ロゴさえ入っていればいいというわけでもない。お金の取り分を競うゲームを行うとき、二人は参加者が着ているシャツは貸し与えられたものだということをあえて参加者に教えた。すると、シャツの効果は失われた。着ている本人が自分で買ったものではないため、着ている人がお金持ちであったりオシャレだったりするわけではないことを参加者が知り、地位を表す道具としての効力を失ったのだ。だが、私の調査結果を見る限り、ロゴが本物である必要は必ずしもない。本物らしく見えれば十分だ。

二〇〇七年、私はバンコクで女性が携帯電話に何を求めているかの調査をしていた。もっと広い意味では、タイで暮らす若い女性とは何かを知ろうとしていた。私と同僚はインタビューのかたわら、バンコクの底知れない湿気とバイクの群れをかいくぐって歩き回った。いくつか作業をこなしたあと、現地の参加者に連れられて都会の一日を体験したのだが、このときの経験は本が一冊書けるほどの価値があったといってもいい。ともあれ、比較的貧しい地域を歩き、行商人たちが出店で農作物からサングラスまでいろいろなものを売っている通りに出た私たちは、ある出店に目を奪われた。といっても、目立つものを売っていたからではない。店には毛布と即席の陳列棚があっただけだ。だが、棚に置かれた粗末なボード紙にはマンガっぽいイメージのキャラクターが歯をむき出しにして笑っており、歯にはワイヤーが両端で留められていた。お値段たったの三九バーツ、ニセモノの歯列矯正ワイヤーだ。

別のものがついでに売られている、という様子ではなく、店主は他に何も売っていなかった。つまり、このインチキ矯正器具にはかなりの需要があるということだ。店に寄っていくのは思春期の若い娘だけ。冗談でやっているのか本気でやっているのかは定かでないが、わざわざ痛みと違和感をおして金属片を口に入れ、ワイヤーを歯の周りに絡めるなどという手間をかけているのだから、おそらく自身の見た目向上にかけるコストとしては妥当なものと見られているのだろう。ニセの矯正器具で本当に歯並びが良くなるようなことは当然ないが、そのうち良くなるという印象を他人に与えることはできる。何より、彼女（正確には彼女の両親）が歯列矯正というぜいたくに手を出せるほどの経済力を持っている、とほのめかすことができるだろう。

歯列矯正のワイヤーはステータスシンボルとしてあまり見かけるものではないし、ましてやニセモノを使おうという気にはあまりならないものだ。だが、それ以上に不思議なことがひとつある。なぜ彼女たちはグッチのＴシャツのニセモノをさしおいて、歯列矯正器具のニセモノを買うのだろうか？　もちろん両方買っている人もいるかもしれないが、バンコクではニセブランドのＴシャツなどありふれたもので、みんなが着ている。歯列矯正器具はそうでない……

つまり、より本物と見せかけやすいという策略なのだ。

歯列矯正器具さえステータスシンボルになるのなら、どんなものでもステータスシンボルになるのでは？　実際、ユニークなステータスシンボルの例はいくらでもある。ある犯罪学の調査によると、アメリカに住む社会的、経済的な地位の低いラテンアメリカ系移民のあいだでは、武器を所持している人が人気を集め、高い地位にいると思われるらしい。(9)　イスラム系政府によって犬の所有が禁止されたイランでは、犬が政府に異を唱える世俗主義者の不屈の精神を象徴するものとなった。(10)　アラブ首長国連邦では特に一ケタの車のナンバープレートが人気を集めており、二〇〇八年二月にはオークションにかけられた番号「一」のプレートが一四三〇万ドルで落札された。(11)　他にも、カイロから重慶まで、携帯電話の販売代理店が特別な番号にプレミア料金をつけて販売しているのを見たこともある。

人の迷信を利用してあこぎな商売をしている、と思うかもしれないが、その奥底には印象操作の力が働いている。世界中多くの場所で、携帯電話の番号は個人を示すとりわけ重要な情報だ。縁起の良い番号と縁起の悪い番号では人に抱かれる印象も変わってくるだろう。アフガニスタン政府が三九で始まる車のナンバープレートを発行しはじめたときには、それを受け取ることになった人のあいだで抗議の嵐が巻き起こった。(12)　三九は「ポン引き」を指す数字であり、不快なものだったのである。アフガニスタンの人たちでなくとも、ナンバープレートのように公的なものでいやなイメージを植え付けられるのはたまったものではないだろう。別の意味でもポン引き、つまり自分の持ちものを見せびらかして自分の富や権力を鼻にかけるいやな奴に

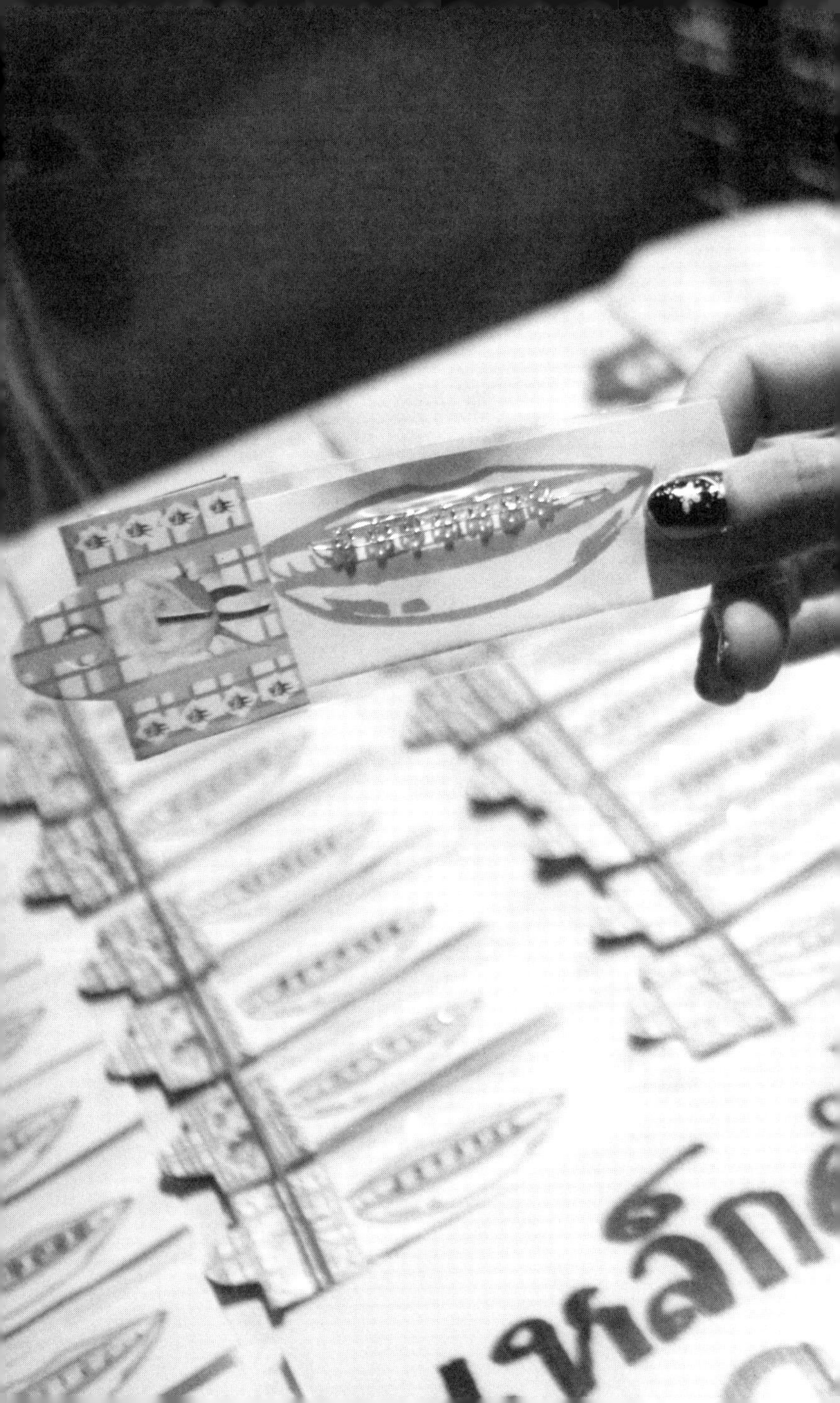

はなりたくないものだ……ところで、そういった人物をいやな奴扱いするのはなぜだろう？
人や物によってはそうでもなかったりするのはどうしてだろう？

ステータスゲーム

二〇〇九年、中国の西安でモバイルマネーの研究をしていた私の頭に、ふと疑問が浮かんだ。現金や銀行の取引明細、他にもいろいろお金として価値があるものはあるが、それをものによって見せびらかしたり隠したりするのはなぜだろう？　レストランでテーブルの上に携帯電話を置くのは（ステータスシンボルとして）認められるのに、現金やクレジットカードがダメなのはなぜだろう？　そういったことが直感的になんとなくダメだとわかるのはなぜだろう？　たしかに現金は見た目にも実際的にも、そして細菌の繁殖的にも汚いと思われがちだから、食べ物を置くテーブルの上に並べるのは不衛生だという意識は働くかもしれない。しかしクレジットカードはどうだろう？　現金よりはきれいだし、持ち主の人となりを表すのだから、むしろ見せびらかしてもいいような気はする。だが、実際にはやはりテーブルに置くのは憚《はばか》られる。

暗黙の了解は破れないものと考えるよりも、破らない理由を知るべきだ、という信念を持つ私は、ちょっとした実験をすることにした。調査チームと現地スタッフが集まる夕食の席で、全員に現金とクレジットカードを机の上に広げてみるよう頼んだのだ。誰もが妙に落ち着かない思いをした、ということは想像にかたくないだろうが、その理由はなぜだろう？　自分の持っているお金やカードが他の人と比べて少ない、あるいは多いように見えたからだろうか？　それとも、盗まれるのが怖かったからだろうか？

携帯電話を机の上に置く場合、電話やメールの着信に気づきやすいというメリットと盗まれやすいというデメリットが拮抗している。しかし、現金を机の上に置いても利点はほとんどない。美しさやオシャレといったものが宝石や派手な衣服を身に着ける建前となるように、またスリルがスポーツカーや高度計つき腕時計を買う建前になるように、電話の場合、着信に気づきやすいということが建前、つまり社会的な言い訳になるわけだ。現金を見せつけることでメリットがあるのは、手を出すとひどい目にあう、とあたりに知らしめられるリオデジャネイロの麻薬ディーラーぐらいで、普通は他の人に現金を見せびらかすメリットなどないだろう。

麻薬ディーラーではない私たちにとって、建前は重要だ。自分がうぬぼれやではない、というふりをしなければならないからである。親しみやすいという印象を他人に与えるためには、社会的な地位をあまり気にかけていない、というふうを装わなければならない。シリコンバレーのカフェでぼろぼろのボルボからTシャツとジーンズ姿の誰かが降りてきたとしたら、どうだろう？　「堅実な」人物に見られたい億万長者かもしれない。

『イギリス人ウォッチング』（未邦訳／*Watching the English*）の中で、著者のケイト・フォックスはイギリス人が、まあ、いわゆる「長居するときのため」トイレに置く本について、興味深い階級ごとの傾向を発見している。[13]　労働者階級の人々はユーモア本（ジョーク集など）やスポーツ雑誌を置くことが多い一方、下層中流から中層中流程度の階級の人々はそもそも本を置かない。低俗に見られるのを怖れてのことらしいが、対照的に上層中流階級の人々は「トイレに小型図書館を持っている」という。鼻につく本ばかり置かれていることもたまにあるが、しばしば幅広いジャンルの本が厳選されており、「お客がついついのめり込んでしまい、夕食に呼ばれるまで出てこなくなる」ほどであるという。最後に、上流階級の人々はユーモアとスポーツ――労働者階級と驚くほど似た本を置くという。お客に読んでもらうことを意識しているのは上層中流階級の人々だけに見えるかもしれないが、そうとも限らない。上流階級の人々もアットホームな雰囲気を作り出そうと、あえてお屋敷の中にそういった本を置いている、という考え方もある。

住宅がステータスシンボルの展示室として用いられるのはイギリスに限ったことではない。しかし、イギリスやアメリカをはじめとした西洋文化圏における中流階級の住宅とアジアの中流階級の住宅のあいだでは大きな違いが見られる。西洋人のほうがお客を自宅に招くことがはるかに多いわけだが、そこにはいくつか理由がある。アジアでは住宅が狭いことが多く、人が集まる余裕もなければ、客人に見せるための部屋（晩餐用ダイニングルーム、ゲスト用のバスルームやベッドルームなど）があることも少ないうえに、外食する文化も定着している。イギリスやアメリカではレストランと自宅での食事には大きな値段の差があるが、たとえば中国ではそれがほとんどないので、家で食べる経済的理由はあまりない。そもそもアジア圏では持ち家自体が少なく、リフォームのようなビジネスでさえ比較的最近になって導入され、爆発的に成長したものだ。[14] 上海を例にとると、一九九七年には三六パーセントだった自宅の所有率が二〇〇五年には八二パーセントまで上昇している。だが、これはアジアの人々がステータスシンボルにお金を使わないという意味ではない。ただ、外で使えるものにお金をかけることが多いというだけだ。

私たちは調査のなかで、特に人々の家を訪れるとき、こういった文化的な違いを体験することになる。西洋の家で玄関を入ると、家族の写真や個人的な思い入れのあるものがいくつも目に入ってくる。一方、アジアでは靴を脱ぐ場所や鍵をかけておく場所といった、最低限の機能的なものしか玄関にない。さらに西洋では家主がしばしば家の中を「案内」して、飾ってある美術品など、家主の地位やセンスを表すものを客に見せつける。一方、アジアではお客はリビングルームに閉じ込められることが多い。さらに、エジプトやアフガニスタンでは主に性別によって居住空間が分けられているため、客間とそうでない場所の区別がより厳格に定められている。どの文化圏でもベッドルームはたいていお客の立ち入り禁止か、せいぜいチラっと見せてもらえる程度だ。西洋でトイレの場所を尋ねれば、だいたい普段住人が使っているトイレとは別の、装飾的な客人用のトイレに案内される。アジアではそもそも一カ所しかないことが多いため、住人が普段使っている場所を見られる可能性は高い。

お飾りの宝石や家宝を拝見するのは東西問わず面白いものだが、戸棚や冷蔵庫の中身を覗くことでも数多くのことがわかる。仕事と家庭のバランスでも、リスクマネジメントの調査でも、私は何か理由をつけて冷蔵庫の中身を見せてもらうことにしている。購入するブランドやライフスタイルを知り、その人から聞いた生活に関する他の話を裏付けたり、逆に矛盾を見つけたりできるからだ。冷蔵庫とキッチンには家庭の情報が詰まっており、リサーチにはうってつけである。客がふらりと立ち入っても特に何とも思われないし、知られて困ることもない、と家主は考えがちだ。しかし、冷蔵庫には食品以外にも化粧品や薬が入っていることもあるし、冷凍庫を開ければ「ヘビのエサ用」の死んだネズミや違法なクスリなどなど、予想できるものに加えて持ち主自身さえ忘れていたものが出てくることもある。さておき、冷蔵庫からは家の住人が大酒飲みかどうか、ブランドものの薬を使うか、それともジェネリックの安いものを使うか、果てはケチャップにお金を使うかどうかまで知ることができる。冷凍庫に入った高級ウォッカのボトルにはステータスシンボルの価値を思わず考えさせられたこともある。十分信頼してもらえるようになったあとで「値段に見合う味ですか?」と聞いたとき、得られた答えはほとんど「わからない」であるし、質問をインタビューの終盤にするほど「いいや、たぶんないね」と答える人が増えていく。

家庭は人の持ちものやそれを持っている理由を知ることができる場所だが、人が持っていないものを知ることも同様に価値がある。私が好んで使う手口のひとつに、その土地の写真スタジオへ足を運ぶ、というものがある。小道具やファンタジー的背景の入った写真を撮っているところや、特に「プリクラ」的なサービスを提供しているようなところでは、利用客の撮った写真が貼られていることが多い。そしてこういった写真はその人の欲しいものや行きたい場所について多くを物語り、よくある西部劇やヴィクトリア王朝風のものを除けば、セットや小道具

は現実的、非現実的な願望を垣間見る手がかりとなる。ニューオーリンズではキャデラックが人気であった。アフガニスタンのマザリシャリフではライオンと軍隊のモチーフや、人が軍用ヘリから吊り下げられた構図の写真が人気だった。フェラーリと銃は世界各国でかなり人気のようである。

絵に描いた餅の傾向などを調べてどうするのか、と思われるかもしれない。むろんフェラーリやライオンの売上予測をするうえでは役に立たないだろうが、バンコクの歯列矯正と同様に、(仮に現実では買えないとしても)人々がどのようなブランドやイメージを欲しがっているのかはわかる。賢いマーチャンダイザーはブランドものを欲しがっている人々にその一片を手の届く値段で与え、参入しやすい新たなマーケットを作り出そうとする。それが大衆(マス)にブランドの品位(プレステージ)を与える、「マステージ」と言われる発想だ。本物のフェラーリを所有している人とフェラーリのキーホルダーだけを所有している人の数にどれほどの差があるか、想像してみるといいだろう。(15)

私が好んで使う「マステージ」の例が、アップル社のイヤホンだ。世界中どこの通勤電車でも見かけるもので、値段としてはiPodの半分、iPhoneの一〇分の一程度である。しかし、これさえあればアップル社の中核製品には高くて手が届かない人でも、アップル社会の内輪に入ることができるわけだ。アップル社の元マーケティング部長スティーブ・チェイズンの言葉を借りるなら、「白いイヤホンさえつけていればクラブに入れる」ということだ。(16)実はイヤホンが挿さっているのはiPodの安い模造品だったとしても、いいではないか。ポケットの中など誰も気にしない。見た目が重要なのだ。

見えなくなっていく小道具

現代ではハイテク製品がますます小型化され、視覚的にも見えなくなってきているうえに、外部のさまざまなものと見えないところでつながっている。ステータスシンボルとしてのハイテク製品にはどのような変化が訪れるだろう？　大まかに言えば、その答えは何が高い地位の象徴だと思われるかによって変わってくる。

お金の価値はこれからも変わらないだろう。しかし、時間の価値はますます重要視されるようになってきており、誰かに仕事を任せ、自分の時間を節約できるということがステータスシンボルとしての価値を増してきている。自由な時間、自分でスケジュールを決められるということも良い意味に捉えられるようになってきた。それはつまり、現代社会ではハイテク機器の発達によって人同士の連絡がますます緊密で常態化してきており、かえって人との連絡手段を断ち切れること、あるいは断ち切ったままでいられることがステータスシンボルとしての意味を持ちはじめているということだ。現代ではせっかく三週間の休みを取って旅行に行っても、携帯電話を切って会社からの電話を無視することが非常に困難である。逆に言えば、それはごく少数の人にだけ許された特権になるわけだ。

私の持論であるが、テクノロジーは人々の行いを増幅させるだけに過ぎない。良い行いをしているならもっと良い行いができるようになるし、悪人ならより悪いことをできるようになるということだ。ウガンダの郊外に住んでいる共働きの夫婦の出産を考えるなら、十キロ先の病院まで走って医者を呼ばずとも携帯電話を使えばたやすく助産婦を呼べるようになるだろう。テロリストが自動車爆弾を仕掛けようと考えているなら、携帯電話は格好のリモコン装置になるだろう（電波妨害装置さえなければ）。この前提に従うなら、技術の進歩によってステータスシンボルは上層の人々にとっては他人に優位を見せつけやすいものになるし、逆に下層の人々にとっては逃れがたい足かせとなるだろう。

たとえば、耳の裏に埋め込む通信装置が開発され、二四時間いつでも他人と連絡できる技術ができたとしよう。これは高い地位のシンボルになるだろうか、それとも低い地位のシンボルとなるだろうか？　おそらくそれは誰に使われるか、そしてどう使われるかによってどちらにも変化するだろう。

権力のある人にとっては部下と連絡が取りやすくなる反面、部下にとってはスイッチを切ることができないのでこれまでより上司に振り回されることになる。テクノロジーは双方の関係を増幅させる。しかし、どんな人でもたとえば母親のように頭が上がらない人がいることを考えると、真のステータスシンボルはむしろ通信装置が埋め込まれていないことになるだろう。

小型化が生み出すもうひとつの結果として、視覚により地位を判断させることが難しくなれば、相手の耳に訴えかけるしかなくなるだろう。お互いの地位を確認するための手段は会話そのものしかなくなるかもしれない。見えない相手に向かって話しかけているので誰にも嘘つき呼ばわりされないという、ある意味で究極のステータスシンボルができあがるのだ。「明日のトルコ行きビジネスクラスのチケットとホテルの手配を頼む。それからジェフリーに週末のゴルフには参加できなくなったと伝えてくれ。礼を言うよ、それじゃ」とあなたが何かの装置に話しかけていても、実際には秘書と話しているのか（エラーを出しっぱなしの）計算アプリと話しているのかは誰にも知る由がない。まさしく使い古された弁護士ジョークが思い起こされる。新しいオフィスを構えた弁護士が、初めてやってきた客にいい印象を持ってもらおうと、おもむろに電話に出るふりをして「何千ドル積まれようとその仕事は受けられません。忙しいので」と言い放つ。それから来客に向かって「本日はどうされましたか？」と言う。来客は答えて、「いや、たいしたことじゃないんです。電話線をつなぎに来ただけで」。

次のステータスシンボルをデザインする

どのようなステータスシンボルなら富や個性、現代人らしさといった人々が求める価値を強調できるだろうか。ファッションやアクセサリーの業界人なら、そうやって市場を読み解くとの重要性を理解しているだろう。しかし、エアコンのようなありふれたものの設計者にさえ、この考えは価値のあるものだ。

エアコン市場には何種類かの消費者がいる。まずは「とにかく動けばいいや」という、実用性だけを求める人。それから「とにかく動いて、できる限り安いものがいい」という実用性と節制を信条とする人。そのなかには「安いほうがいいけど、どこの馬の骨とも知れない怪しいものに金は出さない。少なくとも何年かはちゃんと動かないと」とブランドを気にする人々もいる。それから残りの大部分は環境に優しい、あるいは上流階級らしい生活といった自分が求める欲求を満たし、反映してくれるブランドを探す人だ。

中国を例にすると、先述した通り家を持つことが重要になってきている。家に金をかけることも多くなっており、それにつれて家を他人に見せびらかすことの価値も増してきた。住宅ブーム以前には自分が生まれたときから住んでいる小さくて古い家でそのまま暮らし、生まれたときからの付き合いである隣近所の人が立ち寄るぐらいのことはあるが、わざわざ大学の友達を呼ぶことはしなかっただろう。しかし、現代では立派な家に暮らし、それを所有しているということが地位向上の象徴となっている。多くの人々が自宅に人を招くようになっているトレンドのなかで、エアコンが機能性だけを重視した不格好なものか、それとも有名ブランドのスタイリッシュなものかは重要な問題になる。ただ、近所の人が誰もエアコンを買ったことさえないようなコミュニティであれば、不格好なエアコンでも魅力的になるということは十分にありうるだろう。

人々が欲しがっているものを理解するうえで有効な方法をひとつ挙げるとすれば、誰かを観察したり質問したりするとき、その人の答えには自分を良く見せたい、あるいは自分がこうありたい、という欲求が表れていると理解することだ。ときには嘘が本当のことを指し示す。ユーザー相手の調査を行っているなら、人々が話したがる良いことと、話題を避けたり隠したりしたがる悪い部分の両方を知る必要があるだろう。参考のため、進化心理学者ジェフリー・ミラーによる話題の大まかなカテゴリー分けをここに記しておこう。[17] 健康、出産、美といった肉体的特徴。良心、同意しやすさ、新しいものへの飛びつきやすさといった性格的特徴。そしていわゆる頭の良さといった、認知能力に関するものだ。

同様に、そういったステータスシンボルの類をどれくらい表に出したいかという欲求の強さも重要だ。派手に見せびらかしたい人もいるし、あまり目立たせたくない人もいる。なかにはまったく表に出そうとしない人もいるだろう。ある人物があるとき表に出している、自分を誇示するためのものや見た目――ゴッフマンなら「表出装備」と呼ぶだろうもの――について、こうしたさまざまな要因のプラスマイナスを取り入れて総合的に考えてみるとしよう。すると、ここであの便利な境界線マップという道具を利用できる。外出したり客を招いたりするときに最低限必要な表出装備はどれほどか？　もしくはこれ以上は派手すぎる、少し地味にしなければ、と思うような最高境界線はどこにあるか？　という問答ができるようになるだろう。

他にもいくつか、考慮に入れなければならない視点がある。詳しくはのちに説明するが、文化的な要素によるステータスの価値の変化だ。トーガの例でも見た通り、文化によっては同じものでも高いステータスの象徴になったり、低いステータスの象徴になったりする。たとえば、ロンドンやニューヨークで日焼けしている人は、南の島へ旅行に行けるか、少なくとも日焼けサロンへ通うぐらいの余裕はある、とみなされる。一方で、中国やタイでの日焼けは外で働く労働者の象徴であり、富裕層はむしろ肌を白くしようとすることが多い。バンコクの薬局へ行けば美白成分の入ったスキンケア商品が棚に並んでいる一方、アメリカの高級な保湿剤には染色剤が入っている。しかし、だからといってそれぞれの消費者が根本から違った考え方をしているといえるだろうか?

シェークスピアは、男も女もみな役者に過ぎない、それぞれがいくつもの役を演じるものだ、と言葉を残した。アーヴィング・ゴッフマンならおおむね同意しただろう。ただ、ゴッフマンに言わせれば世界はたったひとつの舞台ではなく、何百万という舞台と何兆にも及ぶ小道具や衣装が同時に存在するものだ。私たちが演じている役割、語り合うセリフやしぐさはすべて、自分が立っている舞台と合わせて初めて説得力を持つ。そしてしかるべき小道具や衣装を使っていれば、落ち着いて見られるようにもなるどころか、実際に心を落ち着けることさえできるようになるだろう。

第３章　過去、現在、未来の波をつかむ

Riding the Waves of the Past, Present, and Future

東京、新宿駅。金曜日朝のラッシュアワーは現代の怪奇現象のひとつといってもいい。スーツ姿の通勤客が大波のごとく自動改札をすべり抜け、バスや歩道の人々と合流し、政府の庁舎や企業のビルへと吸い込まれてゆく。三五〇〇万人が暮らす首都圏の中で、世界最多の三六四万人にも及ぶ人々が毎日この駅を利用する。[1] 息をのむ光景だ。

その流れを見晴らしの良いところ（理想的には上等な淹れたてのコーヒーを出しているところ）から間近に眺めれば、洗練された現代人の動きというものを目撃できるだろう。自動改札を通り抜ける人々のなかに、流れを乱す者はほとんどいない。かばんや財布、携帯電話を突き出して自動改札のＩＣパッドの上にちょうど機械が反応する長さだけ置き、音と共に改札が開く。注意深く観察すれば、紙の切符などという工業時代の遺物を使っている人はほとんどいないことに気がつくだろう。朝に駅を利用する人は主に通勤客であり、プリペイド式のカードや携帯電話

に組み込まれた支払いシステムなど、従来の切符や定期券に代わるデジタル式のものを利用している。[2]

誰にも流れが乱されないことはシステムづくりに裏で尽力した人々の叡智のあかしであり、日々繰り返すことを学び、洗練しようとする通勤客の欲求、そしてそれができる能力、ひいては新しいことをしようとする人類の適応力の表れといえる。一五年前、改札では紙の切符を機械や駅員の手で確認しなければならなかった。切符を買うために並ぶ列の長さや、切符が破れたり、しわくちゃになったり、失くしたりしがちな小さな紙切れだということを考えれば、切符にとって代わるデジタル式のシステム開発に多くの資金と労力が割かれたのは何の不思議もないことだろう。

インフラ投資とテクノロジー環境を独自に融合し、他国では追随しがたい恩恵を享受している日本は、二〇世紀後半から二一世紀初頭にかけて、世界最先端にいる人々の動きの一端を伺い知れる場所であり続けている。日本は高度に統合されたハイテク生産拠点を誇る。しかしそれ以上に重要なのは、人々と企業の間の関係性だ。それがあることでさらに技術の統合が進んだのだ。通勤客が立ち止まらずに自動改札を通過するためのカードは、自動販売機やコンビニでの買い物、広告情報の受信に加え、[3]東京周辺にある金属鍵のないコインロッカー、タクシー料金の支払いにまで使うことができ、最近では対応するノートパソコンを使ったオンラインショッピング、さらには新聞の自動販売機で紙の新聞を買うこともできるという、新旧技術の矛盾めいた衝突まで起こっている。

多くの国において電子支払システムやチケットシステムの売り文句は、利用客が無駄にする時間を省いて手間を減らすという、利用客自身への利益だ。日本では、利用するメリットにもうひとつの理由がついてくる。他人の迷惑にならない、ということだ。個人よりも集団の利益を考えるという日本人に根付いた精神は、アメリカやドイツといった国々では希薄で、一般的には他人にそこまで気をつかうことはない（日本人の作法の表れのなかで最も目につきやすいもののひとつは、冬に見られるマスクだろう。諸外国では他人の保持する細菌から自分の身を防ぐためにマスクをする一方、日本では病人が他人への感染を防ぐためにマスクをする）。[4] これと同じ考え方で、紙の切符を使う（あるいはコンビニで硬貨を使う）ことは自分がもたつき、他人を待たせるリスクを負うということになる。自分が利用するかどうかはあくまで個人のメリットから判断することに変わりはないが、個人の信用が社会的な規範に従っているかどうかで判断されるような場合では、社会的な利益も考慮に含められるのである。社会的な圧力の根底には、人々がより良いことやより多くのことを行ったり、行いを変えたりすることや、新しいことを試すように人々を追いたてる力があるのだ。

個人的な動機や状況、社会的な規範が絡み合ってできる製品購入の境界線を知ることは、新製品やサービスを市場に投入しようとしている会社の成功にとって不可欠である。人によっては新技術にすぐ飛びついたり、あとから使うようになったり、あるいは完全に拒んだりするが、その違いを生むのは何だろう？　そうしたいわゆる商品の採用曲線に関する知識をどのように活かせば顧客の流れを生み出し、狙う客層を絞り込み、商品を売り込んで成功の可能性を最大まで高めることができるだろうか?

トウモロコシ畑の技術革新

トウモロコシはアメリカ中心部における永遠の主要穀物であるが、ビジネスの世界で最大最新の革命、最先端といったものを考えるときに連想する人はあまりいないだろう。しかし、人々が新しい商品やアイデアにどう適応していくかを論じた現代的な概念は、アイオワ州のトウモロコシ畑で生まれたものだ。

一九四〇年代、アイオワ州立大学の社会学者ブライス・ライアンとニール・グロスは二つの農業のコミュニティに着目し、収穫量を増やすために交配されたハイブリッド種のトウモロコシがいつ、どのように、なぜ、そして誰によって採用されるのかを研究した。(5) その研究をもとに、同じくアイオワ州立大学の経済学者ジョー・ボーレンと社会学者ジョージ・ビールが「ディフュージョン・プロセス」というモデルを構築したが、論文が発表された一九五七年以来、このモデルは農業の分野を超え、あまたの研究者、アナリスト、戦略家や学者に利用されている。

このモデルでは、人が新しいものを取り入れるまでの過程が五段階に分けられている。第一段階は**認知**である。新しいものの存在は知っているが、それが何か、どういった機能や使い方をするのかは必ずしも知っているとは限らない状態だ。その次に人は**関心**の段階に移行する。やはり詳しいことは知らないままだが、役に立つかもしれないと感じ、確かめる価値はあるだろうと思う段階だ。関心を抱いたあとは**評価**の段階に移行する。言ってみれば、頭の中で自分の生活にどう使われるかを想像する段階だ。そのあとは実際に使ってみる**試行**の段階へと続く。

これらを経てようやく、新しいものが**採用**される。ビールとボーレンは採用という言葉について「新しいものの大規模かつ継続的な利用」、「新しいものに満足している」という定義をしているが、両者の違いは注目に値し、後者は特に重要だ。なぜなら、人は採用したことを実際に利用することと同じとみなす、という罠にはまりがちであるからだ。そこには二つの側面で間違いがある。ひとつ目は、たとえば誰かが高いカメラを買ったあと、やっぱり携帯電話のカメラを使おうと思い直し、数週間後には高いカメラが家に置きっぱなしになっている、というような場合だ。しかし、それで必ずしも高いカメラを捨て去ったとは限らない（特別な機会にだけ使うことにしたかもしれない）。二つ目は、値段を気にしなければならない消費者層を考えると、たとえば自分が持っている古い携帯電話には満足できなくなってきたが、自分がまだ持っていないｉＰｈｏｎｅを気に入り、購入するためにお金を貯めているような場合だ。すでにｉＰｈｏｎｅが評価され、試され、欲しいと思われているのである。それはつまり、ｉＰｈｏｎｅを採用したといってしまってもいいのではないだろうか？　少なくとも、疑似的に採用しているということはできるはずだ。

しかしながら、ビールとボーレンのモデルにおいて何よりも衝撃的で後世に残る影響を与えたのは、製品を真っ先に採用する人、あとから採用する人、あるいはその中間にいるのはどういう人々か、という基準で「採用曲線」を五段階に分解したことだ。最前線に位置する

イノベーター（革新者）は一般的にコミュニティ内で十分な信頼を受け、かつ新しいものごとを他の人に見せるつながりを持っている人々だ。基本的にイノベーターはかなりのリスクを冒そうという意志とそれができる余裕を持っており、失敗してお金や評判を失うことをあまり怖れず、新しいことに手が出せる。そのイノベーターを追い、**アーリーアダプター（早期採用者）**が続く。アーリーアダプターはたいてい若く、教育もあり、コミュニティ内でも積極的、かつメディアを熱心に利用する人々である。ここまでの二種類のグループの主な推進力はいつも新しいことを試してみたい、知りたい、という本人自身の好奇心である。好奇心次第では広い知識を持つ好事家になったり、特定の分野だけに莫大な時間をかけてその専門家になったりもする。いずれにせよ、その結果、彼らはサブコミュニティ（たとえばゲーム好きの集まりや写真好きの集まり）のなかで、別のコミュニティからの新しい情報を持ち込む、自分の専門分野で新しい発見があれば真っ先にそれを知る、といったリーダーの役割を得ていく。

イノベーターとアーリーアダプターがただ新しい、珍しいといった以上のメリットを見出すようになったとき、**アーリーマジョリティ（早期追随者）**が採用しはじめる。一般的にはこれまでの人々よりも高齢で、教育や情報については多少劣るものの、社会から尊敬を得ている人たちだ。この尊敬が厄介な部分である。アーリーマジョリティの人々はコミュニティに影響力を持っているが、その信頼はその人自身の選別眼やふるまいに由来するものなので、うっかり悪いものを採用すれば台無しになってしまう怖れがある。そのため、イノベーターやアーリーアダプターの様子をうかがうのだ。そして、もっと年上が多い**レイトマジョリティ（後期多数派）**

の人々は流行にあまり詳しくなく、アーリーマジョリティに広まるまで新しいものについて何も知らないことが多いが、たいていはアーリーマジョリティに続いていく。最後にいるのは**ラガード（遅滞者）**と呼ばれるグループだ。変化を頑固なまでに嫌い、いやいや新しいものを取り入れる人々や、社会から隔絶されており、すでに一般的に普及している技術にすら滅多に触れない人たちである。

さらにもうひとつ、採用しない人々、というグループもいちおう存在する。私はこのグループを「**リキューザー（忌避者）**」と「**リジェクター（拒絶者）**」に区別している。前者はある特定の製品やテクノロジーが自分には必要ない、あるいはないほうがいい、と考えて採用しない人々である。後者は同様の感情を持ちつつ、さらにそのテクノロジーなどが自分の世界観のどこかに合わないと感じ、積極的な抗議のかたちとして採用しない人々だ。たとえば、現代の都会に住むアメリカ人にテレビ番組の感想を聞けば、リキューザーは「見たことがない」または「時間が無くて見られない」と答える一方、リジェクターは「テレビなんてこの一五年、家に置いてさえないよ」などと堂々と答えることだろう。

とはいえ、こういった人々は原人のような洞穴暮らしをしているわけではない。新しいものがあることは認知しているし、興味や評価といった段階を通過したかもしれないが、そのどこかで自分には合わない、と結論したのであろう。もしかしたら人々に広まりはじめたころに自分で試してみた結果、期待以下だと考えて忌避したのかもしれないし、広まったあとに流行りのものなんて自分の性に合わない、と考えて拒絶したのかもしれない。アーリーアダプターが製品などを使うことで自分は特別だという意識を抱くのと同様、リジェクターは製品を使わないことで自分は特別だという意識を抱く。リジェクターは採用者がひたすら肯定的なのとは対照的に、ひたすら否定的である。特にひどい人物ならマンガ、『カルヴィン&ホッブス』のカルヴィンがフォードのロゴに立小便しているステッカーを車に貼るかもしれないし、多少芸が細かい人ならアップルのロゴに赤い円と斜線の入ったTシャツを着るかもしれない。

ビールとボーレンがハイブリッド種のトウモロコシの採用過程に関する論文を公にした際、二人はいくぶん当然とも思える二つのことだけに着目していた、と主張している。まず新しいものは自然発生的に採用されるのではなく、段階を経て採用されていくこと。そして全員が同時に採用するものではない、ということだ。二つ目の論点を説明するため、同じタイミングで新しいものを取り入れるのは似たような性格の人たちの集まりだ、と論じたが、あとになってみれば、それこそがこの論文の重大なポイントになった。私たちも含め、多くの人がこのプロセスについて勉強するのは、これが最も根本的な市場細分化戦略だからだ。できるデザイナーやマーケターは自分の製品がこの採用曲線を右に進んでいくのに従い、巧みに製品を微調整していくのだ。

リサーチャーである私にとって、新しいものを採用するときの人々のふるまい、というレンズは、人々——そして社会——に新しいものが出現したときに生じる負荷やプレッシャーを分析することができる素晴らしいものだ。この視点を用いれば、私のクライアントの未来の顧客となるべき人物は誰で、その人物が生活をどのようにして新しいものに合わせていく（あるいは合わせない）か、そして最初の客層、それから続く人たち、果ては買わないと固く決めている人にまでどのような影響を及ぼすかを明らかにできる。マーケットに出すためにいかなる営業努力をしようとも、ひとたび製品が店の棚に並べば、その使われ方、消費や拒否のされ方などによってその製品が何であるか、何になれるかが決まり、究極的には製品を出した私たち自身までもがかたちづくられるのである。

テクノロジーは人間の身体にまでも変化を及ぼす。かつて物を持つための補助として使われるものでしかなかった親指はテレビゲームや携帯電話の影響で進化し、人によっては一番自在に動く指にまでなった。(6) もちろん意識も変化する。電話番号を暗記したり筆算を最後にしたりしたのはいつか、思い出してみるといい。コロンビア大学、ハーバード大学、ウィスコンシン・マディソン大学の研究者たちの手による「グーグルが記憶に及ぼす影響――指先に情報を保持することの認知的所産」という論文によれば、インターネットの存在はヒトが特定のことを記憶する能力を低下させ、代わりにネットでどこをどう探せば欲しいものが見つかるかを記憶する能力を上昇させているという。(7) いわゆるグーグル効果についてのまとめでは、情報を得るための道具を使ううえで、「いまや我々はかつて友人や同僚から得たさまざまな情報に依存してきたのと同じほどに、道具を使って得た情報に依存している。そして連絡をとらなければ情報網を失うことも同様だ。インターネットを失うことは友人を失うことにますます似通ってきている。グーグルが知っていることを知るためには、常につながり続けていなければならない」という。

こういった変化がこれまでなかったほど急速に起こっているのは、テクノロジーが劇的に進歩したからというだけに限らず、その使われ方の変化も早くなってきたからだといえる。世間で広く使われる道具が採用され、捨てられるサイクルも短くなってきた。人と人、人と物、物と物同士のつながりが緊密になってきた結果、新しいテクノロジーを使うかどうかという問題は、だんだんとそれを使う人たちのネットワークに入るかどうか、という意味合いを増してきた。最も広い意味では、その社会に仲間入りするか、それとも出ていくかの問題になってきているともいえる。

私たちがデザインしたものがいざお客やその仲間の手にゆだねられ、それぞれの状況に合わせて利用されたりカスタマイズされたりしていくということは、製品はどう使われるものか、あるいは使っていいときとそうでないときの境界線、という前提も生まれてくるということだ。テクノロジーが人々のすでにしていることを増幅させる、という概念を再び持ち出すなら、テクノロジーが進歩すれば私たちはより多くのことを記憶したり、声をより遠くまで届かせたり、より速く走ったりできるようになるということだ。誰にとっても良いことのように思えるかもしれないが、社会がそう思うかどうかは決めつけることができないし、ましてやその新しいテクノロジーが受け入れられるようにそれをとりまく社会的な価値観が都合よく変質してくれるとは限らない。

しかし、ビールとボーレンが暗示しているように、私はそうした環境に定性調査を活用することができると信じている。市場に存在するそれぞれのグループに働く社会的な圧力を導き出し、さらにテクノロジーを採用した人からしていない人へどのように圧力がかかり連鎖していくかについて、定性調査はその根本を探ることが可能だ。これまで書いてきたことですでにそうした連鎖の様子や、コミュニケーションのかたちのデザイン、行動を決める選択肢のデザインが社会にどのような影響を与えるかはなんとなく感触がつかめているかもしれないが、さらに一歩踏み込んで、強力な社会的な圧力によって採用曲線そのものが変形してしまう場合を見ていこう。

ヨコの圧力

前章で見てきたとおり、どのような場面においてもステータスシンボルをひけらかしたい、同僚から認められたいという欲求は、他の人にわざとある程度の話を盗み聞きさせる、あるいは靴をグループの好みに合わせて変える、といった細かいことまで、人々の動きを変化させるものだ。ここでは、社会的圧力の最も強い環境のひとつである高校を舞台に、採用曲線が変化するさまを観察していこう。

二〇一一年に私は、ナイジェリアである調査を行った。ナイジェリアはアフリカで最も人口が多く、豊かな、もしくは発展している国であり、企業としては垂涎のマーケットであるといってもいい。ナイジェリアは他のアフリカ諸国と同様に比較的若者が多く、人口の中間値の年齢がヨーロッパや北アメリカの半分程度である（例として、二〇一三年の推計年齢中央値はエジプトが二四・八、ナイジェリアが一七・九、ウガンダが一五・五。比較としてイギリスは四〇・三、カナダ四一・五、アメリカ三七・二）。[8] したがって、ここでテクノロジーが採用されるかどうかは、比較的値段にうるさい若者の考えに左右されるといえるだろう。

ソーシャルネットワークは若者の生活につきものだが、特にアフリカでは社会的に活発な若者が人口比率的に多いため、特にその影響は強い。調査の現地スタッフを募集した際にも、フェイスブックで活動していることが履歴書を見るだけでわかるほどであった。特にナイジェリアでの流行りようはすさまじく、青地の四角に切り詰められた白いFの文字が入っているフェイスブックのロゴは新聞や地元の技術者求人、携帯電話の広告まで、いたるところで目にした。どのような場所においても、あなたが一目で外国人とわかれば現地の人はあなたと関係を築こうとする。ナイジェリアでもことの是非はさておき、外国人は特別興味深い人物か、お金持ち、あるいは良い人生を送るために必要なビジネスや社交上の糸口（貧困層の多いコミュニティに関する研究だったので、特にこれは多かった）として見られることが多かった。スタッフたちが自然な成り行きで電話やEメールのアドレスを交換する場面でも、ナイジェリアではすでに「フェイスブックをやってる？」と尋ねられるようになっていた（ただ、言い方や人となりから察するに、そう聞くものだということだけを理解しているふうで、必ずしも全員がアカウントを持っているわけではなく、フレンド登録するといったことさえ知っているとは限らないようだ）。

もし私に連絡先を聞かれたら、あなたは何を教えてくれるだろうか。自宅や仕事先の住所？　郵便私書箱の宛先？　インスタントメッセンジャーの番号？　スカイプ？　固定電

話？　携帯？　それともツイッターのハンドルネーム？　その答えはどんな状況でそう聞かれたのかにもよるだろうが、斬新か陳腐か、どんなところからでも誰でも使えるかそうでないか、使いやすいか使いにくいか、機能的長所や短所は何かなど、それぞれがどういうものかという感覚が発達してきていることは疑いようもないはずだ。自分が想像していたものと違った連絡方法を聞かれたり教えられたりしたとき、人は複雑な感情を抱くはずだ。それは自分が今まで知らなかった新しいことを覚えなければならないという煩わしさからでもあり、自分が知らないあいだに世界が変わってしまったという感傷からでもある。もし今あなたがフェイスブックを使いこなして得意げになっているのなら、覚悟しておくべきだろう。自分の番が来るのはそう遠い未来の話ではない、と。

「あまりにも短い期間に、あまりにも多くの変化」から受ける精神的な動揺を「フューチャー・ショック」と呼んだのは未来学者アルヴィン・トフラーだが、現代では地球上すべての人が一生を通じてフューチャー・ショックを体験しているのかもしれない[9]。しかも、新しいものがどこまでどれほどの速さで普及するか、そしてそれを使うこと、使わないことによる結果といったものは日々変化し続けているのだ。

私がナイジェリアにいたちょうどその頃、南アフリカ人の両親が子供たちの変化について話しているのを小耳にはさんだ。ひと夏のあいだに学校のクラスメイトが携帯電話をノキアからブラックベリーに切り替えていたというのだ。その主な理由はブラックベリーメッセンジャー（BBM）という、ブラックベリーの利用者だけが使えるインスタントメッセンジャーの存在だった。三〇人のクラスの中で、八人の最も社交的な生徒たちが全員ＢＢＭを通じて連絡をとっていたとしたら、残り二二人の生徒にＢＢＭを使わないという選択の余地があるのだろうか？　ＢＢＭを使えばできたはずのやり取りができなくなることで、他のクラスメイトたちとどれほどの違いが生まれるだろうか？　もしＢＢＭを使っていたのが八人ではなく、二人だけだったら？　そしてもし一人だけだったら？　どの時点でやり取りがＢＢＭだけで行われるようになり、どの時点でＢＢＭを使わない、または拒否することが社会の中心部から出ていくことと同義の選択になるだろうか？

そう自問自答しはじめた私の脳裏には、大多数の利用者がラガードの人々に携帯電話を持つようプレッシャーを与え続けるという、この一五年間に自らの目で眺めてきた携帯電話普及の波が思い起こされた。プレッシャーは、携帯電話の利用者が日中いつでも、相手がどこにいても連絡がとれることを当然と思いはじめ、そうでない固定電話の利用者に苛立ちを覚えはじめるというかたちをとったこともあれば、ある時点からは成人の利用者が（しばしば年上の）家族に携帯電話を渡すというかたちをとることもあった。居場所を知る方法がないことで起こる問題が新しい電話を買うコストを上回るようになったからだ。ビジネスの世界では社員が欲しがるかどうかに関わらず、会社のほうから携帯電話を渡しはじめるということがどこでも見られた。それぞれのラガードが携帯、あるいは何らかのテクノロジーを使うようになった過程はさしおくとしても、彼らが社会からそれを利用することを事実上強制されるようになったということは、その時点でそのテクノロジーを使うことが普通であるばかりでなく、利用していて当然である、と社会のルールが変化した兆候であると考えられるだろう。

社会的な影響力というものは、大多数の人々がラガードにプレッシャーをかける段階よりもまえから、人々の選択に働き続けている。マスメディアからの影響の場合もあるが、それよりも仲間内からの場合がほとんどである。いわば、利用するかどうかはすべてご近所次第なのだ。すべてが言い過ぎなら、ほとんどすべて、か。

南カリフォルニア大学で公衆衛生政策の教育を指導しているトーマス・ヴァレンテ博士は自身の研究キャリアの多くをソーシャルネットワークとイノベーションの広がりの分析に費やしてきた。(10) 著書『イノベーションの拡散におけるネットワークモデル』(未邦訳／*Network Models of the Diffusion of Innovations*)において、彼は人々が新しいものを使うかどうかの動きをネットワークの境界線モデルによって理論化した。そこにおいて鍵となるものは、仲間の何人がそれを使っているかである。すなわち、新しいものを使っている知り合いの数がある人の境界値を越えれば、その人自身も新しいものを使うようになるのだ。

ヴァレンテが研究対象にしたのは一九五〇年代アメリカにおける医師とテトラサイクリンと呼ばれる抗生物質、一九六〇年代のブラジルにおける農家とトウモロコシのハイブリッド種、そして一九七〇年代の韓国における既婚女性と家族(出産)計画サービスであった。彼の集めたデータは真っ先に新しいものを採用する人々、いわゆるイノベーターは全体的な社会からの影響を最も受けやすく、逆に個人の付き合いからは影響をほとんど受けないという、ビールとボーレンの観察とも一致している。つまり、イノベーターたちの境界値は極めて低く、ゼロに近い。友達が誰も使っていなかろうと、お構いなしに新しいものを使いはじめることがある、ということだ。

しかし、ヴァレンテによれば、イノベーターよりあとの人々は同じグループ内でもさまざまな境界値を持つことがわかっている。たとえばそれまでの定義でアーリーアダプターとグループ分けされる人々には、新しいものについてかなり最初の頃から知っていたが、知り合いが使いはじめてから自分も使いはじめたという高い境界値を持つ人がいる一方、新しいものを知ったのは少し遅くなってからだが、知ってすぐに使いはじめたという低い境界値を持つ人の両方がいる。同じようにラガードのなかにも、「孤立者」とヴァレンテが呼ぶような、ただ単によほどあとになるまで新しいものの存在を知らずにいる人がいる一方、新しいものを拒み続け、多くの知り合いが使うようになってようやく折れるような境界値の高い人もいるのである。

ヴァレンテの研究には重要な論点が三つある。一つは採用曲線の時間軸がすべてをもの語るわけではなく、同じ時期に新しいものを使いはじめた人でもそれぞれが周囲から違った影響を受けているということ。二つにはアーリーアダプター、マジョリティ、あるいはラガードの誰であっても、すぐに知り合いの影響を受ける人としばらく知り合いの様子を見てから判断する人の両方がいること。そして三つ目は個人のネットワークが社会全体とどうつながっているか次第で、たとえば社会全体ではラガードと呼ばれる人でも、その人の個人的な付き合いのなかではアーリーアダプターとなることもあり、その逆もまたしかりであるということだ。つまり、あなたにとっては母親が時代に逆行する機械嫌いに見えたとしても、彼女の友人たちからは次代を先取りする人物として見られているかもしれないのである。

さて、インターネットによるソーシャルネットワーク全盛期の今、こういった要素はどのように絡んでくるのだろう？　孤立した人が少なくなっていることは間違いないだろう。ナイジェリアの人でもインターネットさえあれば、新技術や流行についてアメリカに住む人と同等の情報を得られる（通信速度は遅くなりがちだが）。したがって、現代でラガードになる人の傾向は、隠遁生活を送っているような人ではなく、友人付き合いから受ける影響の境界値が高い人である（ビールとボーレンの「新しいものがもたらす利益に満足、あるいは期待している」という定義を採用の定義として考えれば、経済的な制約で購入しない場合と社会的な制約で購入しない場合は別のものであるということを再び提示しておく）。

また、情報へのアクセスについて全員が平等の立場に立たされたということは、友人のあいだで新しいものに詳しいという評判を守りたい人にはプレッシャーがかかるということでもある。一位になるにはますます早く新しいものを使いはじめなければならないが、そうすると有用かどうかを吟味できないというリスクを負うことになる。自分の影響、と言われるためにはある程度長いあいだ使っていなければならないし、まかり間違えてどうしようもないものを広めたあとに捨てようものなら白い目で見られてしまう。しかも、新しいものはソーシャルネットワークを通じて広められるか、あるいはソーシャルネットワークそのものだったりすることも増えてきており、誰がラガードか、誰が先進的で影響力を持った人なのか、そして誰が影響力のためだけに新しいものに飛びついているのかが明白になってしまいやすい。なかにはそのサービスを使うかどうかもわからないのに、自分の利便性（そして他人の不便）やいつ参加したかが評判につながるという期待のために、自分の使いたい名前でアカウントをとっておく（居座ると表現する人もいる）人もいる。そういった活動がすべてデジタルの足あととして残るようになれば、内輪の人、よその人、影響する人、される人、すべてがネットワーク全体で丸見えになってしまう。

大局観とちょっとした裏事情

個人がいつ、どういった動機で新しいものを受け入れるのか。知り合いからどんな影響を受けるのか、そしてどうやって知り合いに影響しようとするのか。ここまでは新しいものに対する人々の反応をミクロな規模で見てきた。今度はズームアウトして、マクロのレベルに視野を拡げよう。文化はどのように新しいものを推進したり、抑制したりするのだろうか？　新しいものを一斉に使いはじめた人たちを見つけ出し、新しいものがどのように人の生活に影響しうるかを感覚的につかむにはどこを探せばいいだろうか？　そしてイノベーションによって古い存在が排除されようとするとき、どのような問題がそれを阻むだろうか？　私がどこかの調査に出向いてこういった大局観をつかみたいと思ったとき、いつも見に行く場所がある。予想外かもしれないが――それは現地のポルノ市場だ。

多くの人はしょっちゅうセックスについて考えているし、考えすぎの人もいる。一日を振り返り、今日は誰と出会い、どこを見て想像を膨らませたかを考えてみよう。ポルノ業界がアメリカ単体だけで年一四〇億ドルといわれる収益を上げ[11]、同じ娯楽業界のもっと評判のいい兄貴分、ハリウッドのおよそ三分の一にまで匹敵する巨大な業界であることは何の不思議でもない[12]。私の仕事としての話をするなら、この業界が面白いのはポルノが「キラーコンテンツ」である、すなわち需要が大きく、それを消費するための道具に人々を駆り立てる力があるということだ。言葉を換えるなら、ポルノには新技術を普及させる力があるのである。

もちろん、人や場所によってさまざまなキラーコンテンツが存在する。スポーツの試合結果、天気予報、命に関わる医療の情報などだ。それらも面白いのだが、私はリサーチ対象としてポルノと比べるとある魅力が足りないと考えている。それはポルノがタブーである、ということだ。ポルノにまつわる社会的なレッテルは「陰の魅力」という概念を浮き彫りにする。人は自分の良い側面を強調する商品にひかれる一方で、悪く見られる側面を隠す商品をも求めているのだ。ポルノのようなタブーの品では独創的な迂回手段が強いられる。すなわち、ポルノの消費者は一見してそれとはわからない、つまり反社会的でない新しいポルノの求め方を常に探しているということである。ともあれ、ポルノの小売業者（たいてい簡素な屋台である）はブルーレイ、ビデオCD（インドやアジアの一部で普及している形式）、果てはVHSまで、現地のコンテンツ利用方式のベンチマークとして有用である。また、ポルノ市場はそれがアメリカ、ヨーロッパ、アジアのどこから輸入されているか、それとも自国で生産されているかといったことから、文化的なつながりも明らかにする。そして率直に言えば、現地でポルノについて道端で話を始めるより、自分で見れば消費者の感覚が簡単にわかる。少なくともほとんどの場合は、だが。

リサーチャー仲間のジュン・ヨンへとともにインドのオールドデリーを散策していたとき、ある店主にチャイをごちそうになり、談話したことがあった。インドで市場めぐりをしているとよくあることだ。携帯電話の話題になったとき、店主は携帯電話を取り出し（店主は知らなかったが、たまたま私たちのクライアントであるノキア製だった）、一七歳の学生二人がオーラルセックスをしているという当時インドのネットで急激に広まっていた動画をこちらに見せた。[13] 広まっているとはいえスキャンダラスなもの（そしてインドでは法律上配信は違法である）を見せられて驚いたが、それ以上に驚いたのは彼が機器の使い方をあまり知らないにも関わらず動画を携帯に保存していたことだ。彼はブルートゥースをそれまで使ったこともなかったが、この動画を携帯に保存するためだけにわざわざ使い方を覚えたのだという。欲しければブルートゥース経由で送るよ、という彼の言葉はさらに彼がブルートゥースを熟知していること、そして社会的にアーリーアダプターたらんとしていることを示すものであった。こういったインターネットによる拡散のメカニズムはすでにご存知かもしれないが、テクノロジーやメディアの普及には常にインターネット外の要素も影響しているということを覚えておくべきだろう。

公衆の面前におけるポルノの存在は、文化的なルールのより大きな変化を示すこともある。二〇〇八年にアフガニスタンのカブールを訪れたとき、フラワーストリートの屋台ではボリウッド映画や軍閥の横行を扱ったもの、奇妙なアクションもののＤＶＤが並んでいた。それから一年後、今度はポルノも堂々と売られるようになっていた。女性を表に出さないことに固執していたタリバン政権が、血気盛んな男性を誘惑しないようにとシャンプーの容器に描かれた女性の顔まで削り取らせたような時代に比べると劇的な変化といえよう。輸入ものの海賊版ポルノDVD売り場が公然と出現したことは社会の多数が性的にオープンになったともいえるが、おそらくイスラム法の指導者からは西洋社会の退廃の好例として扱われるだろう。自国製品やその海外輸出、女性向けや同性愛者向けの製品といったものは見受けられなかったが、もしそうした兆候があれば、臨時の屋台から固定店舗への移行といったインフラの発達と並んで、寛容性のさらなる指標となるだろう。(14)

新しいテクノロジーやアイデアの受け入れに関わる文化的な常識を理解するうえで、ポルノ市場のチェックは簡単粗末な方法である。従来の民族学的な調査手法にとって替わるものではないが、十分に参考になる。ポルノ消費への欲求は世界共通なので、当然ポルノの市場は世界中に存在する。エチオピアやインドなどではその国の常識から影響を受け、目につかない場所や闇に追いやられるかもしれないが、小売業者にとっては消費者の需要を満たすため、新しい方法を考えなければならなくなるだけだ。ポルノが違法である中国では、産着にくるまれた赤ん坊を抱いた女性を市場の端に立たせるという、完璧とはいいがたいが独創的といえなくもない方法で自分の売り物を知らせる手段を確立していた業者もあった。赤ん坊はにせものの場合もあったが、女性に寄っていって話しかける理由の口実にはなる。そして産着の中にはポルノCDやDVDが隠されているというわけだ。

このことから学べる教訓は、単に世界中の人が大好きなポルノを手に入れるためには多大な労力もいとわない（新しいテクノロジーを使うようになったり、赤ん坊をあやす真似をしたり）ということだけではない。倫理観が新製品の受け入れに及ぼす影響は多大であり、それを理解しきったというためには、倫理観による制約を把握し、その制約を守ったり破ったりするために人々がどのような選択をするのかということを知る必要がある。

たとえばアメリカのキリスト教の一派アーミッシュの人々を考えてみるとよい。一般的に考えれば彼らは信仰を守るためにテクノロジーのほとんどを使わないリジェクターであり、そのために農業を軸として質素に暮らしているので、いくつかのテクノロジーはそもそも必要がないというリキューザーでもある。しかし、ライバルに一歩は先駆けているテクノロジー系ライター、ケビン・ケリーはアメリカ中にあるアーミッシュのコミュニティを渡り歩いて新しいものに対する彼らの行動を分析し、著書『テクノロジーが望むもの』（未邦訳／*What Technology Wants*）において「アーミッシュの生活はテクノロジーに逆らうといったものでは決してない……機転をきかせ、工夫をこらす究極の職人、日曜大工たちであり、驚くほどテクノロジーに肯定的である」とまとめている。[15] アーミッシュの多くは大工仕事のとき、電動工具から電気モーターを抜き、気圧モーターで動くように改造した工具を使っており、空気の圧縮にはディーゼルエンジンを用いるという。ケリーによれば、アーミッシュのコミュニティにはそれぞれ独自のルールはあるが、テクノロジーに対する態度は大多数がコミュニティの強化に役立つなら使ってもよし、というものだった。しかし、伝統的に自分たち以外の社会とは距離を置くようにと教えられているので、送電網を利用できないのだという。「アーミッシュの人々は自分の家の電力が自分の町の発電機から供給されていると知ったとき、自分と街との波長、政策や関心ごとといったつながりが強くなるのを感じたという。アーミッシュの信仰は『世界のものになるのではなく、世界に存在するものになれ』という原則にもとづいているので、あらゆる方面で独立を保とうとするのである」。

アーミッシュが諸文化のなかでは変わり種であることは間違いない。だが、重要な問題は自分たちの生活に取り入れるものを選り好みすることが、テクノロジーそのものを憎んでいると誤解されることで、実際の生活がよそ者の目からはまったく別のものに見られてしまうということだ。ある文化がどのようなイノベーションを受け入れる（または受け入れない）のかを確かめるには、現地に足を運んで自分の目で見るのが一番いい。その文化特有の社会的な障壁や、新しいものが使われるのは純粋に他者投影的な（ステータスシンボルとしての）魅力だけなのか、行動的魅力（便利さ）だけなのか、それともその両方でどちらかの比率が大きいのかなどを直にうかがうことができるし、正しく調査をすれば数字となったデータからは絶対に読み取れない、新しいものに対する心のうちを垣間見ることもできるだろう。

しかし、自分が調べたいコミュニティや国にまだ広まっていないような最新鋭の技術については、また話が変わってくる。その場合はアーリーアダプターたちのいる場所へ行けばいい。アーリーアダプターとは必ずしも最先端のハイテク通の人たちではない。ただ特定の段階へ最初に到達した人たちというだけのことだ。次世代の技術が使われたディスプレイを見たいならソウルへ行けばいいし、モバイルマネーサービスならケニアが優位に立っている。東京へ

"NO 19"
19세 미만 청소년에게
담배를 판매하지 않는
Loading The Way
Mobile Touch

行けば、この章の冒頭で紹介したような交通券に関するサービス、現金を使わない決済や、位置情報サービスが高度に統合された姿を見ることができる。特に携帯電話の話をするなら、「最新鋭」にはさまざまな方面があり、サンフランシスコ、東京、アフガニスタン、ガーナ、ケニア、インド、そのすべての携帯電話システムに一見の価値がある。申し分ない数の人々がそれぞれに独特の状況でテクノロジーと文化のコンビネーションを模索しているのだ。まったく同じテクノロジーでも場所が変われば独特の意味合いを持ち、テクノロジーがそこに住む人々の生活にどのように織り込まれているかを検分していけば、新しいものが採用されるとはどういうことかについて見識を深められるだろう。

もちろん、この本が読まれるころには、想像もしないところで新しいテクノロジーが発達しはじめていることだろう。採用曲線の先端にいる地域も、すぐに他の地域が追いついてくるのを見ることになるかもしれない。イノベーションに関わる人々のつながりはますます緊密になってきており、私たちはよそのコミュニティでどんなものが取り入れられているかという情報をより多く知るようになっている。コミュニティやヒトの生態系といった概念自体、社会的にますます広がって具体化しがたいものに進化し、国家や文化、言語といった壁をあいまいなものにしているのだ。

新たな可能性と新たなパラドックス

新技術がもたらす未来について討論すれば、そこには必ず不確かな未来への期待と不安の雲が立ち込める。ケビン・ケリーは感情の両端にあるその両方を『テクノロジーが望むもの』で巧みに指摘し、イノベーションには潜在意識の中でとにかく前進、開拓するという明白な使命があり、良い方向にも悪い方向にも操ることはできない、と理論化している。すでに何度も述べてきているテーマ――テクノロジーは今ある人々の行いを増幅させる――に沿うならば、結局のところ私たちに予想ができるたったひとつのことは、新しい技術は今やっていることを最も増幅させることのできる人々によって取り入れられるだろう、ということだけだ。

新しいものを取り入れることによるチャンス、リスク、結果がどうなるかは、それが起こる場面によって大きく変化する。ニューヨークや東京といった現代的な大都市から、リスクの度合いがまったく異なるアフガニスタンのような国まで、私はお互いのことがもともと誰にでも「知られている」世界では人々がどのようにふるまうのだろうかと探究を続けてきた。

もし何かのテクノロジーによって自分と対面している人物のオンラインプロフィールにアクセスできるようになったら、日々のやり取りはどのようになるだろう？　改札で乗り物のチケットを使い本人確認をしたり、アップロードされたばかりの写真に友人がタグ付けをしたり、フェイスブック、フォースクエア（位置情報にもとづいたSNS）や類似のサービス上で位置情報を知らせたりするなど、すでにさまざまな方法が存在している。インフラ上では個人情報の共有サービスはとっくにできているのだが、（これを書いている時点では）その効果が最も強烈で目につきやすいであろうモバイル端末でのサービスはまだまだ主流になっていない。

まるで小説『一九八四年』の監視社会のようだが、今日すでに多くのことはそうなっているから構わない。しかし、私たちが自身の社会的なつながりや経験を誰かに伝え共有したいという欲求によって、自分のことをインターネットに掲示し、プライバシーを犠牲にしていることもまた明らかだ。企業や政府が自分の個人情報をどうする気なのかと不安になる一方、人付き合いや買い物という名目ではより詳細に個人情報を求めるツールを使うようになっている。目を光らせているビッグ・ブラザーには気をつけなければならないが、そこには社会的なつながりというリトル・シスターもいることを忘れてはならないだろう。

すでに世界の波に乗りつつあり、やがて大きな問題を引き起こすであろうテクノロジーというものも存在する。ほぼリアルタイムで利用できる顔認識システムだ。「こんにちは」とあいさつを済ませるあいだに対象の顔を正確に認識し、ネット上にある経歴（とそれにまつわるすべてのもの）を照合させる。それができるテクノロジーはすでに存在するものの、空港や税関などのように大がかりなインフラの整備を必要としている。しかし、それが携帯電話でできるようになるのも時間の問題だ。(16)

東京にはカメラの搭載されたハイテク広告掲示板により、通行人の（推定）性別と年齢によって表示の変わる広告がすでに作られている。(17) 相手に踏み込むマーケティングがさらに一歩踏み込むようになったと考える人もいれば、宣伝される情報がさらに増えたと見る人もいるだろう。いずれにせよ、行いが増幅されたということだ。

いつかこれと同じテクノロジーをスマートフォンのユーザーが使うことになるだろう。グーグルはすでに開発しているが、プライバシーの観点から使用を差し止めている。[18] しかし、いつか消費者への強い訴求力を持った開発者と新しい倫理観がそれを実現させるだろう。プライバシーに関わる論争と反感は起こるだろう——起こるべきだ——が、ごく最近を見る限り、携帯電話の地図に、近所の四つ星ピザ屋の位置を示す青い点とその店の情報を表示させるサービスを利用するためだけに、自分の位置情報を企業につかませる人がどれほど多いかを考えれば、消費者は価値のあるもののためならプライバシーを喜んで対価にするといえるだろう。その取引が長期的にどんな結果を生むかを消費者が理解しているかはまた別の話だ。目的が出会いであれ、ウワサ話であれ、社会・経済的な地位を公表するためであれ（公的な情報から収入を推計する［スウェーデン、フィンランド、ノルウェーでは個人の財務情報がオンラインで公開されている］、仕事の肩書と給与を照合するなど）、いずれ魅力のある顔認識アプリケーションが生み出され、利用されるようになっていく、ということを私は確信している。[19] 友人やパートナー探しをしようとしている人にはその新しい情報源となる一方で、悪意を持った人にとってもやはり新しい情報源となるだろう。

二〇一〇年、私はＭ－Ｐａｉｓａと呼ばれるアフガニスタン国内のモバイル送金サービスの広まり具合を調査するため、現地に赴いていた。パキスタンとの境にあるジャララバードへ立ち寄ったちょうどそのとき、アメリカがイラクからの撤退計画を明らかにした。都市の一角ではアフガニスタンからの連合軍が引き上げの計画を一向に発表しないことに対する抗議デモが行われていた。どのような調査でも現場を読み取ることは重要であるし、カメラを提げてにこやかに現地の人と話している友好的な人物、という印象をあたりの人に抱いてもらうことがどれほど重要かも私は知っている。だが、もしその場にリアルタイムの顔認識システムがあったとしたら、誰かが私の写真を携帯電話で撮れば、私がどこから来た何者で、どこで働いているかもすぐにわかってしまっただろう。

誰が誘拐する価値のある人物か知りたい？　近い将来、そのためのアプリも出現するに違いない。しかし、私のことを嗅ぎ出し、していることを知ってもらえる道具を向こうが持っていると考えればむしろ心が安らぐ。一方で、ビジネス目的の外国人など信用できない、と考えている人に自分の所属を隠すこともできなくなるわけだ。

私たちがなりたい自分になることを助ける道具が、同時に私たちが本当は何者であるかを他人にさらしてしまう道具であるというのは、技術の進歩のパラドックスともいえるだろう。

未来へ向けて

新しいものに人々や社会がどのように反応するか、そしてその波がどのようにやってくるか、ということを考えるとき、もうひとつ注意すべきことが残っている。私たちがイノベーションを意識するようになったとき、誰が、いつ、どのように新しいものを取り入れるか、ということに興奮して目を向け、宿命的に捨てられるものがあることを忘れてしまいがちだ。すべてのものに採用曲線があるように、すべてのものに廃棄曲線もまた存在する。新しいものに移行するには理由があるが、どんな場合でもそれは使い続ける理由よりも新しいものを使う魅力がいつ、どのように上回るかという問題である。電話ボックス、タイプライター、手回しドリルなどのように、新しいものによって従来のものが事実上利用されなくなる場合もあれば、使用人の呼び鈴や剣の鞘など社会や仕事の性質の変化によって使われなくなる場合もあり、また石をおもちゃに見立てるペットロックが飽きられたように、単に斬新さが薄れる場合もある。コンサートで携帯電話のスクリーンに映ったバーチャルペンライトを掲げている人々や、「グローブボックス」（車の助手席にある物入れ）、「ペンパル」（文通相手）、「ディスクジョッキー」（DJ）といったものの名前のつけられ方、さらにはコンピューターのアイコンに描かれている、アプリケーションに機能をとって替わられたもの――ノート、封筒、クリップや万年筆――など、人の動きを理解する手がかりは私たちのまわりに転がっている。いつか紙幣や貨幣、さまざまなチケットや金属製の鍵、バックミラーなどもこの列に加わるかもしれない。自分のイメージ、友人関係のネットワーク、社会的な倫理観やリスク要素などは採用曲線のかたちと大きさに影響するのと同様、廃棄曲線にも影響する。潮が満ちれば波がやってくるが、どんな潮もいつかは引くものだ。

イノベーター、アーリーアダプター、アーリーマジョリティ、レイトマジョリティ、ラガード、リジェクターとリキューザーの裏側には、ダブラー（中途半端な素人）、アーリーアバンダナー（早期廃棄者）、アーリーエグゾダス（早期退去者）、レイトエグゾダス（後期退去者）、ダイハード（頑固者）やライファー（生涯利用者）がいる。すべてのテクノロジーはヤドカリの殻のようなものであり、利用者はそのときちょうど自分に合ったものを選ぶのである。そしてヤドカリが自分に合った貝殻を求めて引っ越すように、欲求が変わったり、よりふさわしいものが見つかったりすれば、人々は必ずテクノロジーを捨て去っていくものである。

第４章 持ちものは人を表す

You are What You Carry

今日あなたは何を持っているだろう？　頭の中にでも、近くの空いているところにでもいいので、出かけるときに自分が持っていたものを広げてみてほしい。服（これは持ちものというより着るものだ）は脇に置いて、ポケットを一つひとつ漁り、それから財布やかばん、ハンドバッグ、小銭入れの中身を、仕切りごとに底の方のごみまで引っぱり出そう。キーホルダーのついた鍵やメモ、領収書はひとつずつ並べ、全体としての意味も考えつつ、それぞれ別のものとして丁重に吟味してほしい。

さて、どうしてそれぞれが今日その場所に収まっていたのか、どうやってそこにたどり着いたのかを考えてほしい。自分の所有物はいろいろあるのに、なぜそれらだけを持っていったのだろう？　今日自分が特別持っていこうと思ったものはどれで、習慣として持ち歩いているものはどれだろう？　そしてその中から、何曜日であっても持たずに家を出たくない、と考えるものを選んでほしい。

都会やその近郊で生活しているなら、世界中にいるこの本の読者の誰でも、鍵とお金と携帯電話の三つを挙げるだろう。「それがどうした？」と思った方には、それこそが世界中で生活やものの価値が似通っているということの証明であると言っておこう。もし、あなたが大多数の人と違っていても心配はいらない。例外——規則と同様に学ぶべきことがある——もいずれ段取りを追って説明しよう。

何を持ち歩くか、何が自分にとって欠かせないものか、そして何より、なぜそれを持ち歩くのかを考えれば、日々の行動から始まり、将来の希望、価値観、信念や怖れ、周囲に広がる世界とお互いにどう影響し合っているかということに至るまで、非常に多くのことを知ることができる。新しい製品を考え、作り出し、世に広めようとしている人物にとって、人々がどうしてあるものを持ち歩いているのかという問いは、多くの可能性をはらんだ、耕しがいのある地盤だといえるだろう。ことに鍵、お金、携帯電話という必需品にとって替わるもの、あるいはそれらの新しいかたちを考えている人間であればなおさらだ。

最も基本的なことから考えるなら、私たちが外へ出ていくときに必ず持ち歩くものというのは、生きていくうえで必要なものである。私が十年以上続けてきた調査からみると、鍵、お金、携帯電話は文化や性別、経済的な階層、年齢（一〇代以降）を問わない三種の神器であるようだ。その核にあるものは私たちにとって最も重大な欲求である。お金は食べ物などの生活必需品を手に入れるのに必要だし、鍵は安全な家へ入るのに必要であるし、また家を空けているあいだ

LIVESTRONG
LIVESTRONG

は大事なものを守ってくれる。携帯電話は空間を超える通話や留守番電話、時間を超えるＳＭＳやＥメールを利用して人々と連絡をとり合うのに必要であり、その場にいない人やものごとが関わるような緊急事態においては究極の安全策とも考えられるだろう。もちろん、人は最低限の必需品だけで満足するものではないし、鍵やお金、携帯電話が生存だけに必要というわけでもない。比較的貧しい層も含め、世界中ほとんどの人はただ生きる以上の人生を求めており、生きるのに必要である以上のものを持ち歩いている。いずれ説明するが、地位や自尊心、依存、人付き合いといったさまざまな要因も大事な役割を果たしているのだ。

人が何を持ち歩くのか、ということの根本には、自分の持ちものがどこにあるかを把握できるかどうか、必要なときにいつでも手を伸ばせるかどうか、そして保管上安心できるかどうかが関わっている。外に出かけるときも家に帰ってきたあとも、私たちがまともに活動できるかは、安全、利便性、信頼のおける問題解決策、心の平穏といったものにかかっており、そういった要素が私たちに何を持ち歩くか決定させていく。私たちは、ものを失くしたり、忘れたり、盗まれたりしないように行動や戦略を組み立てているわけであり、有形物の所有方法を無形のデジタルな持ちものに応用する術をますます学習してきている。

すべてのものをあるべき場所に

私が初めて上海を訪れたのは二〇〇四年のことだった。はるばるヨーロッパからの長旅で地獄のような時差ボケに苦しみつつ、環境汚染の進んだ冬の街並みの中、タクシーで下町のホテルへ向かった。そのときの調査チームには金髪で背の高いスウェーデン人のペールと、北京研究所の同僚、リュウ・インがいた。中国での目的は、新しい携帯物のデザインに関心を抱いたクライアントのため、人が何を持ち歩いているか、人とどうやり取りするかを調査することであった。サンフランシスコとベルリンで一カ月調査したあとの三番目の地だったので、少々疲れを感じはじめてはいたが、調査の知見は深まっており、これまで集めた情報を連日ふるいにかけ、だんだんとその意味を理解してきたところだった。

上海ではある若い女性と出会った。名前はメイリーとしておくが、彼女は詳しい研究の対象となった人物である。私たちが「尾行」と呼んでいる手法（「許可付きのストーカー行為」とも呼ばれる）を用いて彼女の日常に（できる限り私たちの存在が行動に過剰な影響を与えないようにしながら）付き従い、カギとなるやり取りを見つけ出していった。

バスの中からショッピングモール、街のベンチやレストランまで彼女をつけ回すなかで、私たちはハンドバッグがいつでも彼女の目の届く場所にあるどころか、そもそも手から離れることさえないことに気がついた。彼女はまる一日いつでも、高級な靴屋で黒いブーツを（ぎこちなく）試着するときでさえもバッグを下に置くようなことはなかったのである。盗難にあう可能性はたしかにどんな街でもついて回るが、私たちがそれまで調査してきたミラノ、ベルリン、サンフランシスコでは、手提げ式、肩掛け式のいずれにおいてもここまでバッグに固執する人はいなかった。彼女が何かを取り出そうとしている最中に電話がかかってきたため、ファスナーを開けっ放しにしていた数分のごく短い時間を除けば、絶えず触れているというだけでなく、留め金やファスナーまでもしっかりと閉じられていた。少なくとも、彼女が安全を意識しているときは閉じられていた。さらに、たとえ短い時間でも意識が緩んでいたとあとから気づいたとき、彼女は目に見えるほど動揺していた。

上海は世界中にある大都市のなかでも盗難の危険が高い場所であるため、不適当とは言いきれないが、彼女は警戒心が極端に強い人物なのではないかと思われることだろう。しかし調査チームの一同は、自分たちもある程度までは似たような行動をとっているのではないか、と考えはじめた。誰もがいつでも留め金をしっかりかけているわけではないが、よく薄暗いバーで自分のかばんを誰にも開けられないよう、いすの下に置いたりはしないだろうか？　逆に、和気あいあいとした近所の喫茶店でトイレに駆け込むあいだ、見ず知らずの人に自分の荷物を見ていてもらったことはないだろうか？

人々は外出時に持ちものを自分からどれくらいの距離に置きたがるのか。その範囲を私たちは持ちものの「**分布の許容範囲（レンジ・オブ・ディストリビューション）**」と呼ぶことにした。範囲が決定される基準になるものは、（意識的、無意識的問わず）単純で世界共通のものである。すなわち、自分が知覚している危険性の度合いと実際の危険性、そして感覚的にも実際の面でも手元に置くことの利便性である。リスクが低く、手元に持ちものを置く必要性も低い場合、持ち主はそれが自分から離れていても構わない。必要性が高くなれば、近くに置くようになる。リスクが高くなれば安全なところに置くようになる。自分のすぐ近くか、あるいは鍵が厳重にかかった場所かもしれず、もしかするとまったく手の届かない場所（のちに詳しく説明する）かもしれない。

分布の許容範囲というレンズを通せば、ある場所にいる人々や個人のリスクに対する意識を見ることができるようになり、周辺環境の調査には特に有用である。中国やブラジルの公共交通機関では、バックパックを胸の側（フロントパックというべきか）にかけている乗客がよく見られる。許容範囲がごく小さいという明確な指標であり、つまり盗難にあう可能性の高さ、そして不届き者の手がポケットのファスナーを開けはじめたとき、素早く反応する必要性の表れだといえよう。

場合によっては現場のインフラによってこういった態度が強いられる場合もある。上海メトロが二〇一〇年の上海万博に先がけて（空港式の）X線手荷物検査を導入したとき、私は乗客の大多数がそれに合わせて態度を変え、特にラッシュアワーの時間帯に不安を感じている様子に気がついた。荷物をコンベアに置いたあと、とにかく人々は自分の荷物から目を離さない（ときには手さえも離さない）ようにしており、まるでコンベアが時空を断裂させ、貴重品を異次元に吸い込むとでも言わんばかりの形相であった。そして、ひとまずコンベア上で行方不明になる怖れがなくなったことを見てとると、今度は機械の出口側にすぐさま意識と身体を移し、自分の荷物が出てきた瞬間につかみ取るべく待ちかまえていた。もし一瞬でも油断しようものなら、誰かが自分のかばんをかすめ取ってラッシュアワーの人混みに消えてしまうリスクを負うことになるのである（時空の狭間にいる魔物が先に手を出していなければ）。

理想的、あるいは妥協できる範囲は、その空間の物理的な様子や、自分がそこにどれほど慣れているか、知っている人がいるか（話したことのない人も含む）、知らない人の多さ、あたりの人が何をしているか、その場や人の清潔さ、持ちものの種類、実際の価値、そして持ち主自身がその持ちものにどれほど盗まれる価値があると考えているか、時間帯、視界、天気など、さまざまな要因に影響される。[1] この方程式から中国やブラジルの公共交通機関で見られる「フロントパック」のように、世間で広く認められた、あるいは暗黙のうちに了解された、その場に通じる規範が導き出される。その場に広まっている規範に逆らえば、しばしば周囲からは浮いてしまう。あまりにも落差が激しければ被害妄想に囚われていると見られるかもしれないし、逆に周囲への注意が足りない（観光客が窃盗のターゲットになる理由のひとつであり、慣れた旅行者が現地の人に溶け込もうとする理由でもある）[2] と思われるかもしれない。その一方で、持ち主が持ちものの価値をどれほどに見ているかということの指標にもなりうる。一ドル札でいっぱいの財布と一〇〇ドル札でいっぱいの財布では、見た目は変わらないかもしれないが、分布の許容範囲はおそらく変わってくるだろう。

私たちはみな、誰かが明らかに注目を得ようという意図を持ちつつさりげなく何かを見せてくる、という状況に置かれたことがあるだろう。たとえば自分の新車の話をしようと車のキーホルダーをちらつかせたり、特定の（特に高級品）ブランドのロゴを相手の視界に入れてみたり、最新最高のスマートフォンをこれ見よがしに取り出してメールをチェックしたりといったことだ。うまくできたかどうかはともかく、あなた自身も意識的にやったことがあるかもしれない。実体のあるものをステータスシンボルとして利用するには（一瞬でも）相手に見えなければならないが、そこでは相手に見せびらかしたい、という欲求と危険にさらしたくないという欲求が衝突し、緊張を生む。アップル社の白いイヤホンは（第二章で紹介した通り）シンボルとしての価値とそのわかりやすさから人気が出たが、それはイヤホンが盗まれる理由にもなりうる。(3) このように、ステータスシンボルとの距離においては、見せるか、それとも隠すかという二者択一を強いられるのである。

持ちものに対するリスクが比較的最小限にとどまり、利便性が最も重要となる家の中では、持ちものは必要になる場所に置かれているか、必要になったときすぐ探し出せる場所に置かれることが多い。食べ物が調理場の近くにあり、トイレットペーパーが手の届く位置にあるように、人が外で身に着けるもの（コート、バッグ、鍵など）は玄関、あるいは裏口あたりに置かれることが多い。大人の携帯電話は机の端に寄せられていることが多く、十代の若者の携帯電話ならベッドの近くにあることが多い。どちらも電源に近いのが理想的だ。

携帯物が集まる場所のことを、私たちは「**引力の中心**」と呼んでいる。そこは私たちが持ちものを置こうとする目標地点であり、それを探すときには真っ先に見る場所だ。ドアの近くに鍵をぶら下げておけばそうそう失くさなくなるだろうし、現金、身分証明書、クレジットカード、定期券、図書館利用券、名刺などをすべて財布に入れてポケットにしまっておけば、どれかが必要になったときに細かく思い出す必要がなくなるだろう。人が引力の中心を作る理由は、空間を利用して記憶できるから、という単純なことだ。分布の許容範囲の尺度の観点からは、引力の中心の存在は、物理的な便利さと同様に精神的な便利さも考慮に入れる必要があるという証明になるだろう。

しかし、いつも見つけ出しやすい場所に置いているからといって、持って行くことを忘れなかったり、いつもの距離内にものが配置されていたりすることが保証されるわけではない。忙しさや疲労、酒酔い、白昼夢などといった理由で注意力が散漫になっているとき、ものは表層的に見えなくなり、忘れ去られてしまう。大事なものを忘れるという自然の摂理に対抗するためよく行われる簡単な対策として、場所を移るまえに足を止め、何を持っていて何を忘れている可能性があるかを頭の中でリストアップし、確かめるという方法がある。**「振り返りの時間」**と私たちは呼んでいるが、自宅を出る人なら鍵やお金（もしくはそれらの入った財布や小銭入れ）や携帯電話といった必需品や、その日必要になる持ちものを確認する。たとえば玄関のドアを開けるまえ、車を降りるまえ、仕事から帰るまえやレストランで席を立つまえなど、かなり定型化されたしぐさでポケットを確かめ、かばんの中を覗きこんで忘れ物がないことを確かめるのである。なかには持ちものを一つひとつ声に出して確認する人もいる。

「ビジネスチャンス！」と大声を張り上げるにはあまりにも簡単でつまらない一瞬ではあるが、ささやく程度には可能性があることも確かだ。その場の状況や必要に応じた定期的、定型的な忘れ物チェックの需要や課題は実体のある世界だけにとどまるものではない。

携帯電話があるかどうかはポケットの感触で容易に確かめられる。だが、プリペイド式の乗車カードにあといくら残っているかは見たり触れたりしても（直接残額が印刷されていない限り）

わからない。ウォレットマッピング――すなわち人々の財布やかばんの中身をえり分け、その一つひとつがどうしてそこにあるのかを聞いていく調査手法――が有効である理由のひとつは、それこそ乗車カードのような、振り返りの時間に残高を確認する方法が設計されていないものに対してどうにかする手段を、人がしばしば編み出しているからだ。最も一般的な対策は予備を持つことだ。普段使っているカードの残額がわからなくとも、とりあえず改札を抜けられる残高のある予備があれば、急いでいるときに駅のホームに入ってきた電車を見ても、慌てなくて済む。

サービスデザインの観点からすれば、こういった予備の存在はシステムの効率化を進める良い機会となる。たとえば東京では改札だけに限らず、カードを触れさせるだけで残高を確認できる機能がほとんどの自動販売機に備わっている。よく練り上げられ、考えられた道具であり、何かを買わずとも振り返りの時間ができる。直感的に役立てられ、自分の持ちものの状態を確認できるインフラが身近にできあがっているのである。

ポケットを叩いたり、ドアの前で少しの時間を割いたりする習慣は物理的なものを確かめるうえで、鍵用のフックを作る、ハンドバッグをしっかり握るといったことと並んで常に有効な行為だろう。しかし、私たちの持ちものがどんどんデジタル化していく昨今、ものを持ち歩くという行為の根本的な部分を考え直す必要があるだろう。すなわち、実体のないものに通用する分布の許容範囲、引力の中心、振り返りの時間の再考だ。そして変化のあるところには必ずチャンスも存在する。

アップロードするものが人を表す

アップル社が二〇〇一年にｉＰｏｄを発売したときの売り文句は「一〇〇〇曲があなたのポケットに」であったが、[4]二〇〇九年には四万曲にふくれあがっていた。[5]ところが二〇一一年、新しい売り文句はといえば……なんとゼロ曲だ。

もちろん、古いやり方にこだわるなら、今まで通りハードドライブに何千曲と保存しておくこともできる。だが、自分の再生楽曲をすべてアップル社の音楽保存サーバーからｉＣｌｏｕｄを通じてストリーム再生するなら、がら空きになったメモリーはいろいろなゲームにでも使うことができるだろう。

スマートフォンが携帯電話という概念を二者間の連絡端末から、広い世界の知識への窓口へと変えた（偉大なピアニスト、リベラーチェの誕生日をバスの中で調べるのがこれほど簡単になった時代はない）ように、クラウドのようなデータ保存システムは私たちが自身のデジタルな持ちものを送受信する方法に革命を起こそうとしている。ほぼ無限の容量といつでもどこでもアクセスできるという宣伝文句を聞けばバラ色の未来が待っているように見えるかもしれないが、クラウド関連のサービスにはまだまだ安全性、利便性、信頼性、そして心理的に安心できるかどうかといった多くの問題が残っている。これらはすべて分布の許容範囲、引力の中心、振り返りの時間といった、ものの持ち歩きの習慣を生み出すのに関わってくる要因だ。

デジタル化とクラウドストレージがもたらした歴史的な負荷軽減がどれほどの意味を持つかは、やろうと思えば簡単に実感できる。今自分がスマートフォンやノートパソコン、タブレットや電子書籍端末に保存している（そして使えることも同じくらい重要な）ものを、二〇世紀に戻ったつもりで持ち歩こうとしてみるといい。朝、出かける時点でＣＤやカセット、ＬＰの入った棚をいくつか（Ｓｐｏｔｉｆｙのようなオンデマンドのストリーミングを利用しているならこれだけで数百万に及ぶことさえあるだろう）、全二九巻の『ブリタニカ百科事典』と全二〇巻の『オックスフォード英語辞典』の入った本棚、さらに写真のアルバム全部、ここ一年で送受信した手紙や請求書や銀行明細書の入った箱、世界全部のあらゆる縮尺の地図をリヤカーで引くことになる。娯楽が欲しければ映画をいくつか――テレビとＶＣＲかＤＶＤのプレイヤーを追加だ。夜、職場から戻るときにはそれらに加えて一メートル超の金属製書類キャビネット、分厚いアドレス帳に決裁箱もいるだろう。インターネットに代わる物理的な情報量を考えれば、国会図書館もいくつか加わるどころか、世界中の町一つひとつの天気や何百万という見ず知らずの人のレストランやマンガに対する感想など、自分の持ちものでないものまで増えてくる。腰を痛めることは間違いないうえに、町中それを引きまわしているあいだ、失くさないようしっかり目を見張っていなければならない。

だが、これらがほとんどデジタル化してポケットに入るようになっても、出かけているあいだ常にすべてが必要なわけでもないし、必要になったときにすべてを把握できるというわけでもない。データ化できるからといって物理的な書類を完全に消滅させるにはまだ準備が整っていない。バックアップが無ければ、ハードドライブの故障、サーバーのハッキング、クラウドストレージの料金未払いなど、たったひとつの問題ですべてを失う可能性さえある。仕事とプライベートの情報が持ち運べるほど小さな容器に混在していれば、境界線があいまいになってしまう可能性もあるだろう。このように「重荷解放革命」は物理的には疑うべくもないが、心理的には解決すべき課題がまだまだ多い。しかし、同時に可能性も同じくらい大きいのだ。

物理的な距離、そして意識的な距離の両方において、人がどれくらい近くにものを置くか、あるいはどこまで離しても構わないかといった分布の許容範囲に影響を与えるものを、ヨーヨーに例えてみよう。人は必要になったときいつでもヨーヨーを引き戻せるようにしつつ、どれだけのあいだ糸を伸ばしていけるだろう？　そしてどれほどの速さで引き戻せるだろう？

ものがデジタル化されるとき、距離的限界は変化する。ヨーヨーの糸が物理的（遠くのサーバーにある書類が引っ張り出される）、時間的（一年前のEメールを読める）、意識的（何年も聞かなかった曲がたまたまランダム再生される）に伸びるのである。実体のあるものは糸を伸ばすと手に戻すのが困難になる。最低でもA地点からB地点までものを移す必要が出てくるからだ。しかしデジタルのものは、たとえどこにあるかがわからなくても信頼できる検索機能が使えれば驚くほど素早く手に戻すことができる。そしてデジタル化するということは、一度に多くのヨーヨーをさまざまに操れるということ（たとえばプレゼンのスライドショーに動画を埋め込む、Eメールに写真を添付するなど）であり、あやとりのようにユーザー同士のネットワークで連携が生まれるのである。さらには物理的な糸を切ったあとでも、必要に応じて完全なコピーを生み出し、手に取り戻すことまでできる。昔でいえばCDを焼き直すようなことだったが、未来では3D印刷になるだろう。旅行に入れ歯を持ってくるのを忘れた？　心配はいらない。ホテルに連絡して近くの歯医者に頼んでもらえば、到着までには3D印刷で入れ歯のコピーができている。

技術の進歩はヨーヨーの糸を測る必要性をも変える。持ちものとの距離を決める感覚は大した価値のあるもの（取り換えのきかないもの）を持っていないときには働かないが、子供と一緒に人通りの多いショッピングモールを歩いている親には鋭く働くというような、特定の時と場所に応じて働きを変える「第六感」のようなものだと考えることもできる。それでも盗難や忘れものを防ぐための超自然的感覚のような何かが欲しいという欲求は、特にもののありかを追跡する技術の分野で競争を生んでいる。

二〇一二年の夏、私は当時最も外界とのつながりに必要だったもの――iPhone――を上海のタクシーにたまたま忘れてしまった。自宅に帰り、現在地追跡システムを使って町中をiPhoneが動き回る様子を見るころには、すでにタクシー会社の交換手を通じて（領収書に連絡先が書いてあった）運転手に連絡がついていたのだが、運転手はタクシー内にiPhoneがあることを否定した。場所やスピード、行き先を私が細かく把握しており、何度も電話を鳴らしているにも関わらず、である。数百ドルもする私物がジグザグに動いたり、止まったり、折り返したり、私のアパートの数ブロック先まで近づいてくるのを眺めるのはなかなか魅力的だったが、同時にもう戻ってこないことに対する苛立ちも高まった。

iPhoneを失くしたといっても、どこにあるかさえわからなくなったというよりはただ単に手の届かないところに行ってしまっただけのことだ。私の手元に結局iPhoneが返ってこなかったことについては、iPhoneには落し物を持ち主に返すという義理を上回る(グレーゾーン市場での)価値があり、おそらく交換手への分け前を差し引いても中国のタクシー運転手の給料数日分にはなることが理由の一部ではないかと考えている。とはいえ、正直なところiPhoneを返さなかった運転手を恨んでいるわけではない。世界中ほとんどの国のタクシー運転手は同じようにするだろう(実は、通りすがりの人の正直さを試す実験をもののついでにしたことがある。現金を渡して、それまで被験者とは面識のない第三者に渡すよう依頼した結果、一〇件中六件が受け渡され、当初の私の予想を上まわった)。だが、この一件は技術の進歩によって近い将来ものを「失くす」ということがどうなるかを考える好例にはなるだろう。車や自転車、リモコン、宝石にGPSが搭載されるようになる、あるいは身の回りを詳細に記録することが増えはじめ、そこからもののありかを算出できるようになるなど、自分の持ちものの大部分と位置情報を交換できるようになったらどうなるだろうか?

将来、インターネットへの接続機能を持った装置には拾い主に利益をもたらす返送機能が付けられるかもしれない。誰かが「落とした」と考えられるものを、「見つける」ことができるような場所、あるいは落とし主が回収できる場所へ移した人に報酬を出すことで、それを促進するのだ。おそらく、理論的にはこうして落としものを追跡できるようになることで、ものを失くす怖れが減り、そして失くしたものが取り戻しやすくなれば、何かを所有するという私たちの感覚が変化するはずだ。ほとんどの人は落としものを取り戻したいと考えるだろうが、たとえば落としものの価値があらかじめ算出されており、その額で拾い主が購入できる、またはあたりの人で最も高額を提示した人に落札される、というのはどうだろう？　世界は金勘定だけでできているものじゃない、と嘆く人もいるだろうが、そうでない人のなかからは所有権、もしくは使用権の売買を生活に取り入れる人も出てくるかもしれない。

位置情報を活用する携帯データの力は、分布の許容範囲について、その場での状況判断という新たな要素を加える。不格好な紙の地図をデジタルのもっといいものに差し替えられるだけでなく、いざとなれば必要なことは携帯電話で事足りる、と信じてほぼ何の計画もなしで土地勘のない場所へ出かけることもできるようになるし、目的地までの旅程を考えずともＧＰＳに頼ることができる。一晩何をして過ごそうか考えずに街へ出て、フォースクエアで確かめた友達の近況や現況を参考に予定を決めることもできるし、待ち合わせの具体的な時と場所を決めずにだいたいの場所だけ相談しておき、通話とメールでおたがいの距離を近づけていくといったことまでできるようになるのである。人やものをつなぐヨーヨーの糸が無限に――反対側に何があったか忘れてしまえるほどに――長くなり、それでいていつでも必要になれば（ネットワークが機能している限り）引き戻すことができるのだ。

さらに意識から一歩遠ざかって、ヨーヨーの引き戻しを自動化することさえもできるだろう。すでに携帯電話のカレンダーやMint.comのようなサービスの通知やアラームというかたちで私たちが使っているものだ。思考実験として、境界線マップの未来について論じていたとき簡単に説明した発注予測を例に挙げてみよう。

たとえばアマゾンのような会社が顧客の買い物の傾向を分析し、将来の購入予測ができるアルゴリズムを使い、顧客が注文していない商品を発送することまでできるようになったとしよう。アマゾンは顧客が欲しがる、あるいは必要になるものの予測に絶対の自信があり、もし顧客が購入しない商品を送ってしまったらそのコストは彼らが負担する、とまで宣言している。たとえば、あなたは旅行好きでコンデナスト・トラベラー誌を愛読しているとしよう。ある朝、玄関のドアを開けると、そこには昨日雑誌のグラビアでしばらく見とれていた、究極の旅行用シャツが届いている。サイズもぴったりで、雑誌と同じ一式だ。アマゾンが過去の購入履歴から、似たようなシャツを着ており、それに合わせてズボンやアクセサリーを購入していたことを見てとっていたのである。また、彼らはあなたが使っているソーシャルメディアから友人や仲間集団の着ているファッションブランドを分析し、どんなスタイルを好むのかも知っている。そしてあなたがコンデナスト・トラベラー誌に携わっている流行の仕掛け人たちを信頼し、自分だけでなく仲間内でも好みに合うものを届けてくれると信じていることを知っているのである。

もしアマゾンの分析が正しい場合、あなたがそれを着ると伝えれば、あとはクレジットカードに請求される。もし着ないのであれば、商品を箱に戻して外に置いておけば、あとはアマゾンが片付けてくれる。同じような手法で食料品やトイレットペーパーの残量を監視し、無くなる寸前に新しいものを送ってくれるということもできるだろう。

もし誤った予想が多ければ、これはジャンクメールの最悪の形態となってしまう。商品配達の事前コストばかりがかさんで、究極的にはビジネスモデルが成り立たなくなるだろう。しかし、特定の商品、ブランド、あるいは購買層に限れば、通用する可能性はある。消費者のブランドに対する深い愛着と、会社による彼らのオンライン、オフラインのウィンドーショッピングにまで踏み込んだ信じられないほど深い顧客理解がある世界は今存在しているだろうか？　ある意味、定期購読サービスはこのひとつのかたちだ。毎日届けられる新聞がいつも読みたい内容であるかどうかはわからないが、それに自ら望んでお金を払う価値があるのは十分にわかっている（そして新聞社のほうもあなたや読者がお金を払うと知っている）。もちろん実際にはプライバシー侵害だとか、消費の均質化だとか、アルゴリズムでは分析できない例外行動などといった問題がある。しかし、これはあくまで技術の進歩によって注文予測にもとづく新たなマーケットが生まれる、という可能性を探る一例に過ぎない。

このサービスとものの持ち歩きの習慣とでは、消費者が店から買い物袋を提げて帰る手間が省けるぐらいにしか関係がないように思えるかもしれないが、実はこれこそが持ち歩き習慣の肝となるべき部分だ。すなわち、必要なときに必要な場所で、必要なものを持っている、そのために記憶や類似の手段を使って持ちものを管理する、ということだ。たとえばあなたがバハマへ旅行に行ったのに水着を忘れた、とあなた自身よりも先にアマゾンが察知し、サイズや趣味がぴったりの新しい水着をホテルに届けることができるようになるには、アマゾンに何が必要だろう？　もしかしたら服やスーツケースにいくつかタグやセンサーをつけ、旅行することに関して短い質問をし、簡単な自動化プログラムを組むだけで済むのかもしれない。

ひとつ想像してほしい。一日中仕事で疲れた体をひきずって帰宅し、ドアを開けると、誰かが無重力発生装置のスイッチでも入れたのか、流し台やナイトテーブルが宙を漂い、目の前を横切ってゆく。ドアをくぐればカーペットが壁に張り付き、ペットの犬が天井に座っている。こんな奇妙な光景に出くわしたらどう思うだろう？　家の中から無くなったものは何もないのに、すべてを失った気がするのではないだろうか。

それとも、恐れを抱くだろうか？　何よりも狂気じみているのは、デジタルの世界においてはこれが不可避の問題であり、人々が常に直面しなければならないということだ。インターネット上のものがどこにあるか見当がつくだろうか？　それを手に入れるのにどんな知識が必要だろうか？　ものがあるべき場所を指し示し、そこにたどり着くにはどうしたらいいかを定めるフレームワークがなければ、私たちはデジタルの宇宙を漂うトム少佐の群れになってしまう。インターフェースが良ければがらりと世界が変わるだろうし、検索機能があれば自在に引力の中心が作り出せる。重荷軽減革命の目指すところとして、引力の中心を事前に生み出し、ユーザーから検索するという手間さえ省くようなシステムが設計されたらどうなるだろうか？　ユーザーが何かのプロジェクトに関する会議を控えている、とシステムが察知し、どのようなファイルを会議前や会議中に使うかを分析し、携帯やコンピューターにあらかじめダウンロードしておき、必要なときにはすでにそこにある、ということもできるかもしれない。

同じように、デジタルのものに振り返りの時間が設計される機会も生まれるかもしれない。いわばユーザーが何かを忘れるまえに何を忘れているかをシステムが知っているという仕組みだが、これはＧｍａｉｌがすでに実践している。本文に「添付」またはそれに類する言葉が入ったメールを添付ファイルなしで送信しようとすると、Ｇｍａｉｌのシステムがファイルを添付するかどうかを聞いてくるのだ。

だが、忘れものをしない一番簡単な方法は、そもそも最初から何も持たないことだ。

どうしてわざわざ持ち歩くのか？

アフガニスタンはあらゆる意味で混沌とした場所であり、恐ろしいものは爆弾や誘拐だけと限らない。都市部では盗難にあう危険が常について回るので、国のどこでも持ちものの分布の許容範囲が狭くなっているといえよう。だが、盗難とは自分がポケットに入れているものを盗られるというだけでなく、ポケットに入るべきものが入ってこない、という場合もある。

二〇一〇年、モバイル電気通信会社ローシャンとアフガニスタンの内務省が提携し、Ｍ－Ｐａｉｓａと呼ばれるモバイルバンキングサービスを通じた警察官の給与支払いサービスを試験的に立ち上げた（アフガニスタンのローシャン社によるＭ－Ｐａｉｓａとケニアのボーダコム社によるＭ－Ｐｅｓａはバージョンの異なる同じものである。スペルの違いはミスではない）。Ｍ－Ｐａｉｓａのプログラムに参加した警察官は上司から現金の束を受け取る代わりに、給料が振り込まれました、という通知をメールで受け取った。給料は国中にあるローシャンの代理店からいつでも引き出せるようになっている。

しかし、警官たちは最大で今まで受け取っていた金額の三分の一におよぶ「昇給」をしていることに驚いた。(6) 彼らはそれまで上司たちに給料をピンハネされていたが、デジタル化されて盗人どもの手をすり抜けるようになり、そのとき初めて本来の給料を満額で受け取ったのである。

一見してみれば、これはみんなが幸せになるいい話のように思えるかもしれない。腐敗が少なくなり、効率的な給料の支払いシステムが生まれ、中抜きをしていた汚職者以外はみんなが幸せになる（汚職者のなかには、不満のあまり自ら現金を引き出そうと部下のSIMカードを回収したが、ローシャン社から内務省に報告され、訴訟こそされなかったもののたくらみが潰えた人物もいたらしい）。

しかしながら、結末にはもう少し複雑な事情がある。「昇給」の話はさておき、M－Paisaで給料を受け取った人々は、腐敗した上司だけでなく泥棒からも安全にお金を守ってくれる自分の口座を有難く使ったに違いない、と思われるかもしれない。だが、アフガニスタン文化における分布の許容範囲の狭さと金融やテクノロジーに関する理解の低さ（正式な金融機関に口座を持っているアフガニスタン人は九パーセントしかいない）によって、逆説的な問題が生まれてしまった。(7) 盗難のリスクがあまりにも高くみなされるアフガニスタンでは、見えないものは持っていないも同然――すなわち、人々が安全と考える唯一の状態は手元で触れられる状態だったのである。

ほとんどの警官は振り込みの通知を受け取ってすぐさま給料を引き出したという。なかには近場にあるローシャン社の代理店が現金を狙われることを怖れて給与支払いプログラムに不参加であったため、わざわざ隣町まで行った人もいたらしい。M－Paisaと携帯電話全般に対して西洋化を進める悪魔のツールだと批判する軍人から武力攻撃すると脅迫を受けたと報告する代理店もあった。タリバンの本拠地ともなれば無理からぬことだろう。

戦争、貧困、知識の（さまざまな水準での）不足といった状況から、アフガニスタンは人々の行いについてさまざまに極端な例が見られる場所であり、お金の保管に限らず価値のある事例研究ができる。私たちはすでに携帯電話によってあらゆる道具を今まで以上に持ち運びつつ、実際に持ち運んでいるものは今まで以上に少ないという世界に暮らしている。財布の中身がすべてデジタル化され、たったひとつの電子機器からすべてを利用できるという未来を想像することは難しくないだろうが、果たしてそれは現実的な未来だろうか？　そして、人々はそれで満足するだろうか？

今のところ、それは正しい未来像ではない。人々はリスクを避けようとするものであり、現代でも人が持ち歩いているものと、その中にある予備のものを考えれば、人が最低限必要なもの以上を持ち歩くのは明白だ。緊急事態に備えていなければ、最大限に落ち着くことができないのである。現金とキャッシュカード、そしてクレジットカード二枚を一度に持ち歩くのは効率的ではないが、一枚だけのカードが使えなくなったときの悲惨さを考えれば備えておく価値はあるだろう。実際に問題が起こる確率と起こった場合にかかる被害の深刻さから予備の必要性を明確に算出できるような数式こそ存在しないが、これもまた、境界線を越えれば人々のふるまいが変わる、生活のもうひとつの側面にすぎないといえよう。

私たちが消費者の負担を軽減し、持ちものをより効率的にしようと目指すなら、ものを失くすリスクを抑えるか、失くしたものを取り戻したり新しくしたりするコストを抑えるか、ものを持ち歩かずとも楽に生活できる環境を作るかのどれか、あるいはいくつかに挑めばいい。その三つをすべて同時に満たせる簡単な方法のひとつとして、人々の持ちものを減らしつつ、使えるものを増やす、というやり方がある。

起業家で作家のリサ・ガンスキーはネットワークを利用し、ものの所有権を渡すのではなくシェアリングを通じて共有する消費のモデルを「メッシュ」と呼んだ。[8] メッシュを利用したビジネスのひとつとしてはＺｉｐｃａｒが比較的よく知られている。町や大学のキャンパスに車を配置し、車をときおり必要になるような人に向けて貸し出すメンバー制のカーシェアリングだ。他にも公共の図書館は営利目的ではないが、このモデルに合ったものといえるだろう。インターネットの力によって近年こうしたネットワークが出現しはじめ、[9] 共用の工具や子供のおもちゃのレンタルなど、公的、私的を問わず一時的に使用するだけのものが貸し出されるようになった。[10]

こうした仕組みはインターネットというネットワークの力、そしてそのつなぎ目のひとつとして、ものを利用できる環境が整っていることで成り立つ。たとえばＺｉｐｃａｒの利用者はまず近くの車をオンラインで検索、予約する。車はその時間に予約しているメンバーのカードでしか鍵が開かないようになっており、予約した会員は自分の会員カードを使って車に乗れる。

私たちの持ち歩くもののデジタル化やネットワーク化（あるいはネットワークの一部としての要素を含みはじめること）が進み、そして身分証明システムの進歩によってネットワークを通じた安全なものの利用や支払いが発達していけば、将来にはものの使い方やものとの関わり方が劇的に変化してくるだろう。理論的にはＺｉｐｃａｒからさらに予約システムやカードさえなくしたような「超流通」モデルが生まれるはずだ。[11]つまり、ものが町中でそれぞれ使われそうな場所に置かれており、それを使おうと手に取った人が生体認証で自動的に特定され、利用時間の長さに応じて利用料金を請求される、というかたちだ。もし街に出かけていても自分の使えるノートパソコンがすぐに見つかるなら、どうして自分のものを持ち歩くだろう？　ノートパソコンが自分を認識し、また自分の手から持ち去ろうとする人も特定できるなら、誰が盗まれる心配などするだろう？　持ち主がいないものを盗むことは不可能なのだ。

扉の外に広がるまったく新しい世界

これまで見てきたとおり、モバイルテクノロジーは家の外での生活を劇的に変化させてきた。持ち歩くものも少なくなり、覚えることも少なくなり、そして所有するものも少なくなった。あらゆることが可能になったようにも思える。ロサンゼルスで紙の代わりにデジタルの地図を持ち歩いてみても大きな進歩のように思えるし、ウガンダのような世界の一部では病気の子供を抱えた母親が携帯電話で近くの医者を探せるようになり、一六キロ離れたとなりの町までわざわざ足を運んでも医者が留守、といった徒労の心配がなくなったことを考えれば、とてつもない躍進のように思えるだろう。

とはいえ、この革命に危険がないわけでもない。携帯電話を失くすことの面倒さから大規模なシステム障害やハッキングによる集団的な問題まで、まだまだ私たちはネットワークにその身をゆだねることの意味を学んでいる途上である。私個人の身にもマンハッタンのビルの谷間で電波がつながらない、といった些細な苛立ちから、タンザニアのホテルで他の支払い手段を一切持っていないのにクレジットカードが使えず、チェックアウトできないといった困難まで、さまざまなことが起こってきた。

ネットワークを完全に信頼するわけにはいかないが、それでも私たちはそれに大きな信頼を寄せている。ネットワークは自分でできないことをできるようにしてくれる、あるいは最低限でも自分が覚えていられないことをしてくれるからだ。ますますそうしたものは増えていく。これから数年のうちにネットワークにつながったものに振り返りの時間が組み込まれたものが増えていくだろう。それこそ、今日の東京でソーダを買おうとＳｕｉｃａが入った財布を自動販売機のセンサーに近づけると残高が数百円しかないことがわかり、自宅まで帰るお金があるかどうか、ソーダを買うお金があるかどうか、もしくはその両方に足りるかどうかを購入前に確かめられるように。

ネットワークやそのインフラが賢く、素早くなってくるにつれ、便利という概念が変化するさまも見ることになるだろう。かつては必要なときに必要な場所へ分子と原子が配置されているという利便性のためにお金を支払っていたものが、現代では必要なときに必要な場所へビットやバイトの情報が存在するという利便性のためにお金を支払うようになっている。つまり、データの窓口となるべきところがさまざまな場所に増え、私たちとものの間のやり取りが増え、そしてまた、ものが私たちのことを認識し、私たちに作用し返すようになってくるということだ。もしかすると、すべてのものが公的なネットワークに接続され、誰でも数秒のあいだにネットワークから認証を受け、ネットワークにつながったあらゆるものを使えるようになるかもしれない。そのためには何が必要になるだろうか？　そもそも、そんなことは実現可能なのだろうか？　断言はできないが、人々が将来、外でどのようなものを持ち歩いて使うかを考えるうえでは、十分に考える価値がある可能性だといえるだろう。

ある意味で私たちはもうその未来に足を踏み入れているのだが、外にいてもネットワークにつながっている、ということが当然のように思えてしまうときもある。私たちがネットワークにつながっているという感覚を得るには、かえって一度そこから離れてみてどうなるか確かめるのが最良の手段かもしれない。

アラブの春運動が巻き起こっていた二〇一一年、エジプトへ調査に赴く機会があった。緊張の走るカイロでは、デモの参加者たちがソーシャルメディアを利用していることがニュースで書きたてられていた。私は海外で報告されているほど影響が大きいとは信用していなかったが、それでもモバイルテクノロジーと活発なネットワークによって、争いの中での生き延び方や連絡のとり方が大きく変化していることは明白であった。

リサーチャーにとって、情報を得られるかどうかは仕事の成否を分けるものだ。いつも持ち歩くのに慣れきった情報群を失うのがどういうことかを試したくなった私は、当時内戦の炎が渦き通信路の多くが断たれていたリビアへ向かうことにした。リビアは「反乱者」たちが国の携帯電話ネットワークをハッキングして乗っ取っているという、技術的な角度からは興味深い状況に置かれていたので、私と同僚は様子を軽く把握したいと思っていたのである。私たちはカイロのタクシードライバーと交渉し、八時間後にはまさに国境を越えようとしていた。

国境を越えると、たちまち携帯電話がつながらなくなった。携帯電話からのあらゆる手助け——地図、Eメール、電話、ウェブ閲覧——をまるごと失ったのである。つまり、電話で助けを呼ぶこともできず、現在地の確認も近くの町を探すこともできず、通訳抜きでは言葉を理解することもできなくなったということだ。命綱を失った私たちは丸裸でいるような気分になり、紛争中の国境近くにある町で想像できるような危険に今まで以上にさらされているように感じた。そして、いやがおうにも私たちがどこにいるか、どこから来たか、どうやって戻るかという意識が絶えず研ぎ澄まされた。

幸い、私たちは今ポケットやバッグに収まるすさまじく強力な連絡、情報収集の道具を持ち、ほとんどどこにでも（今のところ、完全にすべてではないが）行けるような世界に暮らしている。その道具は私たちが生き延びるうえで必要なものであるが、その道具、そして「生き延びる」という言葉の意味も常に進化し続けるものだということを忘れてはなるまい。後者について理解が深まるほど、私たちはテクノロジーを活用し、本当に必要な道具を作ることができるようになっていくのだ。

第５章 文化的コンパスの微調整

Calibrating Your Cultural Compass

ある行動をしている人物が、どうやって、なぜそうしているのかという理由を知りたければ、いちばんに教わるべき人物はそれをしている本人たちであるし、いちばんに理解するべき場所はそれが行われている場所だ。これはデザインリサーチにおいて、実践においても基本的精神としても単純な大前提である。自分一人で一時間程度の調査をしていようが、五人がかりでひと月越しの調査をしていようがそれは変わらない。経験が深まれば、自分や他人の思考がどうやってかたちづくられているのかを理解しやすくなり、究極的にはそのあり方を変えることができるようになっていく。

ますますつながり合う世界において、ソーシャルメディアやセルフドキュメンテーション、ストリートビューなどのインターネットサービスさえあれば、人や場所の持つ機微――消費者がどこにいて、何を聞き、どんなブランドが好きか、など――を理解できるのではないかと考えたくもなるだろう。しかしネット上にあるものは、深く濃厚で、何層にも別れた鍋料理に浮かぶ具の一片に過ぎない。人々の体験が詰まったその鍋に直接切り込むには、現地に足を運び、その場に溶け込むしかない。「現地の人になりきれ」という言葉は人類学者にだけ通用する文句では決してない。学者は何週間、何カ月、ときには何年にもわたり新しい文化に浸かるというぜいたくをしていることが多いが、そうでなくとも周辺環境への気づきの海に少し足を突っ込めば、多くの見識やひらめきを得ることができる。

これまでの章では、いくつかの大まかな社会的構造やテクノロジーによって人々の行動が促進、あるいは抑制されるという観点を通して、人々の行動を理解する新しい方法を提示してきた。この章ではそういった力が働く場——どうやって見るのか、だけでなく、どこを見るべきか——へ視点を移したい。自分の考え方を現地の人に合わせるだけでなく、地域的に起こっている現象を明示的、ときには暗示的に世界全土という観点に広げてみるのにも役立つ、「即席文化調整」と私が呼ぶテクニックの概要を説明する。私はよくこのテクニックを利用し、調査チームが正式な調査で集めた限定的なデータを理解する基盤づくりに利用している。

文化調整は明け方の散歩や、ラッシュアワーの地下鉄に乗るというかたちをとってもいいし、理髪店でも、電車の駅でも、世界的なレストランのチェーン店に訪れてもいいし、もしくは何か手がかりになりそうなものを見つけたときに少し立ち止まって考えるだけでもいい。これをインタビューによる聞き込みやアンケート、自宅訪問などといった体系だった調査と組み合わせ、そしてさまざまな地域や都市、国などで運用すればするほど、新しい文化を自分の文化や他の文化と比べるうえで役に立つ。一回の作業は三〇分ほどの短いものでもいいし、半日かけてやってみてもいい（興味があるならいつまでやっていてもいいが、その場合即席というわけではない）。

街とともに目を覚ます

街を観察するのに最良の時間は、世界中どこでも夜明け頃から数時間のあいだである。昼過ぎや夜にも他の時間帯にない発見がないわけではないが、一日の終わりよりは一日の始まりのほうがいつでも一貫しており、また厳格に動きが決まっていることが多い。地元独特の空気を吸収しようとしている私たちにとって、朝の通勤時間が始まり、街が脈動し出すこの時間帯には、短い時間で多くの人を観察しやすいという利点がある。

街ごと、また季節ごとに少し変化してくるが、基本的には「街とともに目を覚ます」観察法は平日の午前四時あたりに始める（特に治安の悪い一帯を歩くうえで、午前五時から七時の時間帯はリスクが最も少ない。調査チームに害を及ぼす怖れのあるような輩は寝ているか、疲れ果てているかのどちらかであり、暴力的でない社会層が仕事を始める時間帯だからだ）。理想的には住宅と商店が両方あり、徒歩で歩ける場所で、自分が調査の対象とする層の人々の影響が濃い場所がいい。さらに、調査のためにやってきたメンバーと現地の調査メンバーが両方組んでいれば、異文化間での討論を通じて視野を広められるので効果が高まる。睡眠不足気味の運転手に頼み、人力車やタクシー、トゥクトゥク（三輪タクシー）あるいはボダボダ（バイクタクシー）に乗ってふさわしい場所へ移動することもある。

　朝になるにつれて、そのあたり一帯の姿が明らかになっていく。だいたいは店の商品搬入、路面清掃や修理、ごみの収集といった人通りや交通量が増えるまえでないと作業が困難になるインフラ整備の作業から始まるが、ごみ収集のような単純な事象からでも、人々が家の中で普段どうしているのかを知ることができる。東京やソウルでは空き缶、段ボール、プラスチック、生ごみなどのリサイクルのためにそれぞれ別の収拾日が定められており、いつどこに何を出すかのルールに従うよう、社会的な圧力が明白にかかっている。こうして回収前にまとめられたゴミからは、そのあたりでどんなものが消費されているのかを知ることができる。また、特別な許可を取って他のものと分けて出しておく必要があるため、家電リサイクルの様子を最前線で確かめることもできる。他にも、ロンドンやサンフランシスコの一部では通りがかった誰かが欲しがって拾っていくだろうという考えのもと、イスや戸棚、ベッドなどを道路の脇に置いておくことも許されている。対照的に、オールドデリーあたりでは道路の脇に置かれた簡素なベッドがその場で使われ、朝早い時間には人（たち）が寝ていることさえある。

　住宅地では住民がそれぞれ好きな朝の活動をしている様子が見られるだろう。東京であればランニングウェアを着てジョギングをしている人や、大型犬の散歩（小型の犬は他の時間帯に見られることが多く、遠出もあまりしない）などが目に入るだろう。ニューデリーの公園では部外者からは仕事用にも見える格好（スニーカーがかろうじて正しい運動着という西洋的な価値観に引っかかる以外、少なくともスラックスにシャツという男性の姿）で早歩きやジョギングをしている人が目につくようになり、犬といえば野良犬だけになるだろう。杭州のような中国の副都心級の街はまた様子が大きく異なり、朝の運動ではしばしば高齢者が公の広場など、開けた場所で太極拳や社交ダンスといったグループ活動を行っており、車のバッテリーを動力にした小型のスピーカーから流れる音楽に合わせて身体を動かしている。バンコクで午前六時から観察を始めたのなら、夜のいちばん涼しい時間帯を運動に利用している熱心な運動家たちを見逃してしまったことになるだろう。

小売店が店を開けるまえの時間帯には、そのコミュニティの人々が生活やビジネスにおいて夜間どのように身を守っているかを知ることもできるだろう。たとえばシャッターや鍵などを見れば、その地域で慣習として盗難や破壊行為にどう対策されているのか、という感覚をなんとなくつかめるかもしれないし、もちろん、そういったものが無い場合もまた同様に収穫となる可能性がある。

明確な区切りとともに始まる小売業者もある一方で、特にオーナーや店員がコミュニティに根差しているような商売ではゆるゆると動きはじめることもある。ロンドンの地元にあるパン屋なら、明かりがまだ薄暗く、「準備中」の札がひっくり返されていなくとも、換気のためにドアを開けて楔で留めているし、なじみの客が顔を出せば営業するだろう。こうした習慣からは、ルール（開店、閉店時間）がどんな属性の誰によって、どんな状況で破られているかを読み取れる。正式に営業を開始するまで一切中途半端な営業をしないどこかのチェーン店とは対照的だ。こうした単純な行いからでも社会的、商業的なつながりの強さを把握することができる。

時間がたつにつれて、通りが活気にあふれ、人も増えてくる。通勤通学者の第一波が家を出ていく様子を見ることもできるだろう。学校に向かう子供が制服を着ていたり、一人で歩いていたり、グループでいたり、親と一緒にいたりといった細かいことはすべて、地域や街がどれほど信頼されているかの表れである。朝食の習慣も見られることだろう。どんな食べ物に人が並んでいるか、どんな人々が路上で食事しているか、どこか決まった場所で食べているか、それとも歩きながら食べているか、などだ。朝ほど市場が活気に満ちている時間帯は他にない。

午前八時か九時ごろには、その街で一日がどのように始まるか、ホテルのロビーで過ごしてわかるよりも多くのことを理解していることだろう（ホテルでの観察でも語れることは多くあるが）。私の好きなやり方はこの段階でチーム全体を集め、朝食やジンジャーティー、あるいはお粥やベーコンロールなど、とにかく現地で出されるものを口にしながら、見てきたことをおさらいすることだ。それが終わればその日の研究に備えて一同の英気を養うため、宿泊施設に戻るようにしている。

現地の乗り物に乗れ

その街の住人のストレスや苦悩は一番ひどい通勤ラッシュを味わわなければわからない。時間通りに出社しなければならない朝のほうが夜よりも人々にプレッシャーがかかり、したがってその途上に現れる障害の影響が大きくなる。ロンドンでは高く、遅く、信頼できない交通機関に頼っている。カイロは狭いし、うるさくて暑苦しい。東京はその効率性をもってしても混み具合ではひけをとらない。梅雨時に新宿駅へと向かうラッシュアワーの京王線に乗る幸運に恵まれれば、すし詰めにされた人々の間で動きや質感、匂いをかみしめることができるだろう。東京では通勤電車が数分遅れれば会社に提出するための遅延証明書が手渡されるが、これはそのような事態が滅多に起こらないということと、いまだ企業社会に残る上下関係の証左といえるだろう。ＭＲＴ（地下鉄）が効果的に張り巡らされているバンコクでさえも、やはりすさまじい人混みが起こる。

ロサンゼルスでは車で通勤する人々が、カーナビで渋滞を示す赤い線を眺めながらのろのろ運転している。さらに混む北京では、特定の時間帯には町中が赤い線だらけになるということを誰もが知っており、大事な電話の予定をドライブ中に入れるなど、仕事を通勤時間へと組み込むことで対応している。どうやら人生を謳歌できるかどうかは通勤時間に何が起こるかをあらかじめ予想して計画を立てられるかどうかにかかっているらしい。たとえそれが渋滞に巻き込まれるという予定であっても。

住民が自宅から職場や学校へ行くのにどんな交通手段を利用するか？　温度、湿度、人の多さなど、環境はどうか？　乗り物は遅れることなく行き来するか？　道路はどれほど整備されているか？　席に座れるか、立つはめになるか、それらの公算はどれほどか？　移動中に使える空間で何ができるか？　費用はいくらで、どのように支払うか？　それぞれの空間で世間的に何が許され、何が許されざる行為だろうか？

これらは調査チームが通勤の波にもまれて思い浮かんでくる疑問だが、その答えは調査に参加している人物の生活を理解するうえで驚くほど重要になってくる。どれほど詳細なインタビューでも通勤の話など一、二分で終わってしまうかもしれないが、自ら体験することで、人々が朝に学校や職場へ着いたときや、夕方家に帰ったときの精神や肉体の状態を察することができるだろう。

何が人を突き動かすのかを考えるなら、ロサンゼルスの国道四〇五号線で三〇分間渋滞に巻き込まれている人と、東京やシンガポールの混雑しながらも効率のいい地下鉄に乗っている人とでは、心の中でどんな違いが生まれているかを考えるべきだろう。その違いは会議のスケジュールから電話やメールのやり取りといったことにまで影響を与える、根本的なものだ。

中国はかなりの速度で成長を続けている世界最大の自動車市場であり、すでにカタツムリの歩みのごとき交通渋滞が日常となっている。カーナビの画面とやり取りする時間が目に見えて多くなる中国で、車内での過ごし方を変えるにはどんなデザインをすればいいだろうか？　ドライブや駐車の手間がどれほどまで増えれば、受けた教育のまったく異なる専門のドライバーを雇うほうがいいと思うようになるだろう？　車間距離（心理的に安心できる他の車との距離）が数センチ単位で測られるようになったら？　チャンスは観察や自ら直接体験したことから湧きでてくる。

長距離旅行から旅行を引けば

空港や電車の駅、長距離バス乗り場などにはさまざまな層の人々が行き交うので、絶好の人間観察場所として（専門家からいろいろなもの好きにまで）知られている。ファッションやグループの多様さだけでなく、現地の文化に自分を調整する機会も見つけられるだろう。中・長距離旅行のための駅や乗り場はどの街にもあり、似たような目的を持った人々が集まるため、文化間の比較にはもってこいの場所である。（文化の違いとして）特に探しがいのあるところとしては列の並び方、売店やキオスクでの支払い方法、旅行用の娯楽の売れ方や使い方、お菓子や飲み物の嗜好、そして待合室の人たちがどんなハイテク製品を使っているかなどがある。

待合室というちばん簡素な設備でさえ、その地域の文化について多くを語る。インドでは男女共用が一室、そして女性と子供用の待合室があるが、イギリスでは全員が使えるひとつの待合室だけだ。日本でもほぼ同様だが、たいてい喫煙室が別に作られている。いちばん平等主義が広まっていると思われがちな中国では、三つ――誰でも利用可能なもの、軍事関係者用、そして少額の追加料金を支払うか、クレジットカードや銀行のサービスで利用できるＶＩＰ用――の待合室がある。

旅行者が集中する場所は衆目を集めやすく、テロ攻撃などの標的にもなりがちだ。そのため、安全対策（あるいはその演出）に関する規範や期待、政府が人々をどれほど疑っているかといったことを、武装した警備員の存在、探査犬、身分証明書の利用、旅客の移動制限、あるいは入場の際の手荷物検査（現在のところ中国の長距離列車駅の多くで採用されている）などから判断できる。警戒が厳しいので、リサーチャー（または盗撮犯）が目立たないようこっそりと写真や動画の撮影をする練習にもなるし、場合によっては警備員に連行されたあとでその場を切り抜ける実践練習にも最適だ。ものが置き去りになるような場所（たとえばロッカーやゴミ箱、遺失物取扱所）などは爆弾テロが続いている国には存在しないことが多い。今世紀始まって以来戦争を続けている国にある街だからといえば何の不思議もないかもしれないが、ニューヨークは世界で最も神経質な街のひとつであり、ニューヨークに勝る神経質な街は近年分離独立した南スーダンのジュバ程度である（自分の神経質さが正当化しやすいというだけでも、ジュバのほうが調査にやりがいがあると思っている）。仮に安全対策の理由に現地の人々が納得していないとしても、人々はすぐにそこから生まれた規範に慣れてしまい、（彼ら自身にとって）新しいものや何が異常なのかを見出す機会が失われてしまう。

現在はリニューアルされてしまったが、ドバイ空港の二番ターミナルのように、他より際立って興味深い空港もある。アフガニスタンのカブールやカンダハル、イランのリゾート地キーシュ島、イラクのバグダッド、ソマリアのモガディシュといったにぎやかな場所と航空機が行き交いするターミナルで、やり手の営業マン、ＮＧＯのスタッフ、地元の裕福なビジネスマンや詐欺師までもがチェックインゲート周辺にたむろしており、飛行機が遅れてもむしろ笑みがこぼれるような、観察と学習の機会にあふれた場所であった。

美容院と床屋

お金が株式市場を通して社会に行き渡るように、どんなコミュニティにも多くの人が集まり、ぶらついたり、最新の噂話を仕入れたりする中心地がある。多くの場合は美容院か床屋だ。ただ座って待つだけの場所で、静かすぎず、うるさすぎず、部屋を見通せるうえに相手の表情も捉えやすい鏡が数多くあり、たいてい二〇分から一時間程度で整髪が終わる。携帯電話などに注意が逸れることもなく、ただお客と理髪師のあいだのやり取りに集中できる。散髪か髭剃りの代金さえ払えば、誰でも現地の人と同じように席を占有して好きなように話をふることができるし、性別の問題を除けばほとんど誰でも利用できる。社交の場としてこれ以上の場所を設計するのは困難だろう。私は毎日別の床屋で髭を剃ってもらっているが、たまたま一日で二か所をめぐったこともある。(1)

会話を通して見学に行くべき最高の場所を教えてもらえるし、スポーツから男女それぞれの正しい送迎の仕方、政府の腐敗まで、地上のあらゆる話題に対する人々の考え方を知ることができる。コミュニティの変化に詳しい人や他の社会的なつながりを持った人など、話を聞きに行くべき人物の手がかりを探し出すにもいい方法であり、道案内や人間関係までついた極めて地域限定的な検索機能だと考えればいいだろう。切れ味のいいカミソリの代金を支払い、どんな方向に話を持っていきたいかを考えたら、あとは楽しむだけだ。

規則破りの行い

かつて、紳士たるもの帽子をかぶらずに公の場へ出てはならない、という時代があった。街を歩いているのにヘッドホンで音楽を聞き、あたりの音を聞いていないのは奇妙だとする時代もあった。見ず知らずの他人に自分の日常で起こった出来事をつぶさに語るのは頭がおかしい奴だとする時代もあった。しかし、人の認識と規範は変わりゆくものだ。どんなルールがその場において有効かは社会階層、集団の種類、時間や場所などによって変わるため、必ずしも明確ではないし、ときには矛盾しているように見えることさえある。勧められた酒を飲まないことが社会的でないと言われる場合もあれば、飲むことが社会的でないと言われる場合もあるのだ。

「許されること」と「許されないこと」の間にある一線を自ら探し出すのは精神的に大きな負担がかかるが、知識として十分な報いを受けられるものでもある。そして、新しい商品やサービスの受け入れに悪影響を及ぼす怖れのある社会的な規範を探し出し、その規範がどれくらい変えられるものかを試すのにいい方法でもある。ちょっとした掟破りで受けた侮辱が大きいほど、その暗黙の了解は固く、変えることは難しいものだ。

そうした社会的な掟破りの実験として最も有名なものは、一九七四年に行われたスタンレー・ミルグラム博士とイェール大学の学生たちによる実験だろう。ニューヨークの地下鉄で座っている人に席を替わってもらえるよう頼むという、暗黙にある「早いもの勝ち」のルールを破る実験であるが、驚いたことに六八パーセントの人が席を譲ったという。皮肉にも席を明け渡した人より、社会的に超えられない線を越えるという実験をする側の負担が多かったようで、実験を振り返った学生のなかには「本当のことを吐いてしまいそうだった」とこぼしたものもいるという。サイコロジー・トゥデイ誌のインタビューの中で、ミルグラムは実験を始める瞬間の不安や不快感について「言葉が気管に詰まってとにかく出てこなかった」と語っている。そして自分を心のうちで叱咤激励してなんとか奮い立たせ、ようやく席を譲ってもらうと今度は不安が恥に変わったという。「男性のいた席に座ると、自分が頼んだことを正当化できるようにふるまわなくてはならないという気持ちに圧倒された。頭はひざの間に沈まり、自分の顔から血の気が失せるのを感じた。演じているのではなく、実際死んでしまいそうだった」と博士は語っている。(2)

掟破りが常に自虐行為につながるわけではないし、特に（武装警備員がいるような）リスクの高い場所では、自分の安全をかけるに値するような対価は得られないかもしれない。だが、掟を破ってみれば十分な感情移入のうえで理解することができるし、掟を破ることが及ぼす衝撃を測る方法は他にもある。研究チームでお互い役割を演じながらやってみてもいいし、外でいい経験が得られそうだと感じたときにちょっとしたことを即興でやってみてもいい。たとえば、列に割り込んでみる、電車やエレベーターなど知らない人が近くにいる場所で携帯電話を使い大声で通話する、ディナーの席でテーブルの上に現金を積んでみる、実際は機能しないビデオ再生機能付きサングラスの試作品をつけて外で使っているふりをするなどである（どれも最近の調査上、私と調査チームのメンバーでやったことだ）。

世界共通の「i'm lovin'it」

世界をほぼ半周してまでマクドナルドを訪ねるのはこの本の趣旨に反することのように思えるかもしれないが、わざわざそうするのは味や現地顧客の嗜好の比較からではない。

人がする活動の中で、最も深く心に根差しているのはおそらく食事だろう。私たちは子供の頃から「普通の」食べ物とは何かということから、どうやって下ごしらえするか、購入するか、食すか、分け合うかといったことまで、自身の文化にもとづいた信じられないほど多くの前提知識を教え込まれている。多国籍飲食チェーン店のメニューやビジネスの方式にはもろもろの意見があるかもしれない。だが、膨大な層の文化に裾野を広げ、それぞれの大衆が独特の感性を持った市場でどのように大衆に魅力を訴えかけていくかということこそ、飲食業界の本質そのものやビジネスとしての持続性の根底を支えているものである。

そのため、国際的なチェーン店というものは、文化的な違いを補正するうえで価値のある参考資料となる。若い現地の客に利用されることが多く（国際的な企業というより現地の企業として考えられていることも多い）、商品やサービスの提供内容、ブランド要素などが世界中の特質に合わせて作られているからである。マクドナルドが世界中で三万店以上あるということは、すなわちどこかのマクドナルドの顧客、食べ物、メニュー、内装、店内やその周辺での行動などを他のマクドナルドすべてと比較できるということだ。さまざまな仕組みやかたちづくりに関する判断を考えていけば、国際的なブランドが特定の場所や文化に合わせてどのように自分の商品を仕立てていったかがわかるはずだ。

多くのチェーン店、特にファストフード分野は先進国において低所得者向けの市場だと思われがちであるが、開発途上国では常に稼働している空調や整備清掃の行き届いたトイレなどのぜいたくな設備がある、羨望の的であることも多い。

たとえばムンバイのマクドナルドをパリとでも比べてみれば、まず一番違いのわかりやすいものは、メニューである。ムンバイでは半分がベジタリアン向けだ。ジャガイモと豆とパンでできたパテがロールパンにはさまれたマックアローティキは、鳥むね肉二枚と溶けたチーズ、レタス、トマトの入った地元の代表的メニュー、マハラジャマック（ビッグな看板メニューだが、ビッグマックとは似て非なるもの）と同等の売上を誇っている。ヒンドゥー教徒（牛を聖なる動物とみなしている）とイスラム教徒（豚肉を食べない）の人口比率が多い国といえば驚くべくもないだろうが、緑の四角に緑の点が入った包装は肉の入っていないメニュー、茶色の四角に茶色の点が入った包装は肉の入ったメニューとわかるようにできている（現地においては人通りの多いヒンドゥー寺院の周辺にある完全ベジタリアンのレストラン一店を除き、肉とそれ以外を区別して表記することが法律で義務づけられている）。また、店舗には二つのキッチンがあり、ひとつはベジタリアンメニュー用、もうひとつはそれ以外の調理用として器具や人員までもが完全に分離されている。

多くの客を扱うファストフードチェーンであるマクドナルドは代金の支払いにかかる時間を短くするため、支払いのインフラに早期の段階から投資することが多いので、現地でそのとき一般的に利用されている支払い方法を見られる可能性も高い。店舗の外でもそこに集まる社会集団や持ちものの分布の許容範囲といったこととあわせて、マクドナルド社の解釈で若者の羨望を体現したイメージを見ることができるだろう。中国のある店舗では笑顔でノートパソコンに映った社会活動に取り組む若者のイメージの近くに、英語で「現代的《モダン》」と綴られていた。

さらに先進国である日本のような場所になると、二四時間営業のマクドナルドはホームレスや公共交通の始発待ちの人々が夜を明かすのに都合の良い場所となる。コーヒー一杯の値段で邪魔されることなく机に伏せることができるからだ。

看板を読み取る

看板や標識はどこにでもあるものだが、命に関わるような場合でもなければ無視されることが多い。だが、都市の環境を理解しようとするどん欲な観察者が標識そのものとそれがそこに置かれた背景を理解すれば、社会的なふるまいと公共の場での価値観のせめぎ合いについて多くを知ることができる。

都市部の標識にはさまざまなものがある。道案内、道路標識、迷子のペット探しの張り紙、鍵の落とし物のお知らせなどだ。だが、現在の社会、そして変わりつつある社会の前提知識について最も多くがわかるものは、何かを「しろ」「するな」という類いの張り紙だ。

地元当局による公的な「しろ」「するな」の標識は人々の行動と、より広い世間、もしくは最低でもその標識を義務づけた政策決定者の志向とが生み出している摩擦を反映していることが多い。「ポイ捨て禁止」は明らかに世界中どこでも起こるポイ捨て問題への反応である。中国では「花火禁止」の標識を見かける。子供の誕生、葬式、仕事始めや祝日に花火や爆竹を鳴らすという長きにわたる風習があったが、二〇〇九年の旧暦正月に起こった中国中央電視台（CCTV。国営テレビ局）の火災から論争が巻き起こったことはよく知られている。(3) また、この取り締まりは中国の住宅事情の変化の反映でもある。低層の平屋であれば音を立てても近隣一〇数件程度の住人にしか影響を及ぼさないが、高層アパートでは何百世帯にもわたって音が響くことになるのだ。

ただ標識が存在するというだけでも、それが誰かにとって重要なことであるとわかる。標識があるということは、おそらくはそれに関わる当局が時間や労力を割いて公式、あるいは非公式の制限をかけるべきだと関係者が話し合い、標識を出すよう命令した（あるいはそう認可を出すよう迫った）、という経緯を経てそこに置かれたのである。また、誰かが法的、あるいは倫理的な権威をもって特定の場所に標識を出すということは、誰ならそれをしていいか、という基準や前提条件をも明らかにする。

ほとんどの場合、標識は（権威主義的な都市計画者が思い描くような）命令によって人々の行いを制御しようとするものではない。人々の行いを制御したいと思うもののそうする権力や発言力のない人物が、権威的に見える標識を立てれば番人として仕事をしてくれると考えて標識を設置するのである。この類の公的な標識の多くは「の権限によって」という書き出しであることが多い。「衛生局長官の権限によって」「だれだれ市長の権限によって」などといったものだ。こういった標識は都市インフラの一部として、市長が名を残そうとする他のあらゆる企てが失敗に終わったあともなお残り続けることがある。しかし、ほとんどの場合私たちはそもそもそんなものに注意を払ったりしない。もし、過去にしていたとすれば、すでにその情報を吸収し終わり、無視するという習慣が生まれたのだ。

標識のいくつかは法的な責任を制限するために表示されている。「手すりにもたれるな」という標識は、たとえば実際にそうしてビルから転落し、足を骨折した人がいたとしても、ビルのオーナーの法的な責任は限定される、あるいは少なくともそう法廷で主張できるという前提のもとで置かれている。エスカレーターの近くにある「子供から目を離さない」「中央にお乗りください」なども同様だ。

カナダのように公用語が複数ある国では、公的な標識に使用されるべき言語が憲法によって定められている。だが、表記の順序が言語の優劣を示すと考えられる場合もあるため、地域によっては高度な政治問題となる。インドではヒンディー語が公用語だが、英語が準公用語としての地位を享受している。他にもお札に印刷されている言語として、アッサム語、ベンガル語、グジャラート語、カンナダ語、カシミール語、コンカニ語、マラヤーラム語、マラーティー語、ネパール語、オリヤー語、パンジャーブ語、サンスクリット語、タミル語、テルグ語、ウルドゥー語と一五もの公用語が存在する（ちなみに公用語の数はさまざまな人の意見、ｗｉｋｉ、ＣＩＡの資料によって異なる。この違いこそまさにインドらしい）。特定の言語が使われた看板の広まり具合は、移民の流れや旅行の行先が変わった、かつて閉鎖的だった社会が外国人を受け入れるようになった、国家間の貿易の重要性が増してきたなどといった変化の表れの指標になりうる。二一世紀初頭のアフリカでは中国語の看板がだんだんと普及しはじめた。北京の地下鉄では英語が広く使われている。アラビア語が西洋の言語と共に書かれた標識では、アラビア語が右から左へ、西洋の言語が左から右へ書かれるという文化的な常識が平等に扱われている。

標識に書かれた言語は書き主の希望を露わにするものでもある。日本には英語だけで書かれた標識がある店もあるが、それは英語を話す顧客のためではなく、店の中に国際的な雰囲気を作り出すためだったりする。日本語のことなど何も知らない西洋人が日本語の入ったＴシャツや身の回り品を身に着けているのも同じような意識が働いているからだ。おかしな漢字のタトゥーは今までも、そしてこれからもその意味がわかる人たちに笑いを提供し続けることだろう。これから中国文化が理解されるようになれば、中国人デザイナーの手により格調高い商品やサービスが多く見られるようになることだろう。

識字率の低い文化圏にいる文字の読めない人にとっては、標識などよりも人の指示のほうが受け入れやすい。ニューデリーに住む文字の読めないオートリキシャ（三輪タクシー）の運転手が勝手を知っている道を離れる際にすることは、車を止めて誰かに道を尋ねるか、友人に電話をかけるかである。文字が読めない人でも理解できる都市標識の最も大々的な例といえば、一九六八年にランス・ワイマンが手掛け、メキシコシティ地下鉄で利用された図であろう。当時のメキシコは識字率が著しく低かったため、それぞれの駅にアヒル、砲丸、ベルなど、付近の文化遺産や史跡にちなんだシンボルを考案したのである。

標識が技術の進歩の表れとなっていることもある。「通話禁止」の標識に描かれる電話も、モトローラ社のブリックからノキア社のキャンディーバー、そしてアップル社のｉＰｈｏｎｅと変遷してきている。これらの機器は遅くとも利用者がいなくなるか形状が定まる頃には、それぞれが順番に時代遅れとなっていく。一方で、エジプトでは電話の絵といえばいまだにダイヤル式の古式ゆかしい黒電話を見ることができる。

公的な標識のなかにはひそやかに常識を覆すのもある。「するな」と書かれたことが、よく見てみると要求に対する一般的な理解と微妙に意味合いが異なる場合もあるのだ。東京で出くわした「サイクリング禁止」の標識には固定ギアにブルホーン型のハンドルブレーキなしという競輪仕様の自転車が描かれていた。観察に慣れていないと見逃してしまうようなことだが、明らかに事情を知ったうえでデザイナーがひねりを加え、同好の士であるサイクリストたちの共感を得ようとしたものであろう。

「するな」の標識はサブカルチャー、カウンターカルチャー的にも貴重な示唆を与えてくれる宝石である。東京のどこにでもある小さな公園の「ゴルフスイングの練習禁止」はそれをすることの危険性とともに、中年男女のスポーツの嗜好を明らかにするものでもある。標識がそこにあるということは、実際にやっている人がいるのだろう。だが、事実上日本では野球のほうが国民的スポーツといえるし、公園で行う危険性もそう変わらないはずなのに、なぜ「バットのスイング練習禁止」ではないのだろう？　まず、野球の練習などは野球用の施設に限って行われることが多い。一方、東京では小さなゴルフ練習場がいたるところにあるが、無料で使える公園と違い入場料を取られる。標識そのものにそういった情報が書かれているわけではもちろんないが、特定の標識がある、もしくは他にあってもいいはずの標識がないことは、公共の場がどのように使われているか、あるいは周辺の住民がどう使われるべきだと思っているかについて多くを語ってくれる。

人口密度の高い国では、誰か一人の無作法が近くにいる多くの人に迷惑を及ぼしかねない。このため、礼儀作法に関わるルールは耐えがたいほど細かく明確化されていることが多い。東京の地下鉄内の標識には公共でわざわざ非難されなければならないほどよく起こるさまざまな事柄が細かく書かれている。タバコ禁止、痴漢行為禁止、携帯電話の通話禁止、イヤホンの騒音禁止、化粧禁止、駆け込み乗車禁止、床での睡眠禁止、飲食禁止などなどだ。

標識がないこともまた多くを語る。イランへ現地調査に赴き、研究チームで深夜のテヘラン北部にある公園のあたりを散歩したことがあるが、公園には「この水を飲むこと」そしてもうひとつの水源に「この水は飲まないこと」という、たった二つの標識しか存在しなかった。間違いなく世界でもおせっかいな国のひとつ、アメリカの公園であれば、対照的にルールや規則、していいこと、してはいけないことなどが細かく書かれた標識が、特に子供の遊び場を中心にあふれていることだろう。しかし、イランやアメリカ、また他のどんな国の公園であっても、こうした標識は街や地方、国の規制にまつわる状況を指し示すものとして利用することができる。

ルールや規則を細かく定め、物理的な標識にして押し付けてくる国と、していいことやしてはいけないことが社会に内在している前提知識として織り込まれた国。どちらがより洗練されているのだろう？　標識がないということは、標識を作るに至る過程、思考、議論の末の結論、法律がないということだろうか？　それとも逆だろうか？

標識というのはあらゆる意味で最後のよりどころであり、本来なら書かれずとも直感的に利用できるよう設計できたはず、あるいはされるべきだったはずの場所に置かれた注釈である。壁や窓の棚、背の低い壁などに座られないようにするためのとげ、スケートボードで乗らないよう手すりにつけられた金属製のでこぼこ、ハトの多い屋根につけられた星形のとげなど、都市計画者や建築家、デザイナーといった人々は居心地を悪くするような補足物――人に行動を変えるよう迫る現代都市のかたちである――の数々を生み出してきた。

街の標識で目を鍛える傍ら、デジタル化の進んだ未来において標識はどうなるかということも考えておくべきだろう。現実世界にデジタル的な層を作り出して投影することができるようになっていけば、いずれ理論的には層の作り方を知っている人物なら誰でもその場所に標識を作ったりコメントをつけたりできるようになり、その見つけ方を知っている人なら誰でも見ることができるようになるだろう。政府機関から広告業者まで、標識の製作者たちがもし通行人をより手の込んだカメラやセンサーで分析できるようになったら、そのデータを標識の権威づけにどう活用するだろうか？　「禁煙」の標識に自分の高校の厳しい数学教師のイメージや声がついてくるようになれば、もっと威厳のあるものに感じられるかもしれない。

時流を捉える

ツァイトガイスト（zeitgeist）というドイツ語は直訳すれば「時代精神」だが、しばしばデザイナーがこれと共に歩むということを口にする。しかし、ツァイトガイストは現代の流行やスタイルといったこと以上の意味を含んだ言葉だ。それはある種の雰囲気であり、本質であり、良いデザイナーであれば文化を吸収して得た直感から、デザインが時代精神に適したものか否かを理解できる。

プラッツガイスト（platzgeist）、いわば空間精神とでもいうべきか、これもまた同様である。国や地域、都市や町など空間全体から傾向として感じ取られる精神のことであるが、これまで挙げてきた方法はどれもその感覚を意識、無意識の双方で得るのに役立てることができる。感覚への刺激を通じてその精神を捉えれば、雰囲気に関する確かなデータベースを作ることができるだろう。空間精神の感覚が時を経て鈍ったあとでも、このデータベースがその場所や精神の感覚を取り戻すための切符となってくれるだろう。

マクロレンズ（超接写用のレンズ）を使ってあたりに広がる風景を巨視的イメージで撮影すれば、文字通り小さなことに気がつくことができる。質感、色使い、幾何模様、時間の経過で生まれた風格などをごく間近に捉え、感じることができる。マクロレンズは写ったものをあたりから切り離して見ることができるようにしてくれるが、あとで並べてみれば、全体を細かい断片の積み重ねとしても捉えられるようになるだろう。

このマクロツアーで巡る場所は近所の散歩でもいいが、コンビニやバスの中、公園など範囲をより限定してもいい。そのあとに集まって写真を集め、並べたり、共有したりできるので、複数のチームで行われるのが一番いい。マクロ撮影独特の詳細さや奥行きは、あとでプレゼンや動画などの資料にするうえでも素晴らしい。

マクロレンズの代わりに魚眼レンズ（ズームではなく広い角度を撮影できる）やパノラマ撮影などを使い、あたりにあるものを一枚にできるだけ詰め込むという変則ツアーもある。視界を狭めて細かく見るマクロレンズとは対照的に、魚眼レンズやパノラマレンズでは全体像に敏感になり、また、遠近両方からの視点を対比することで空間精神を吸収するのに理想的な視点を準備することができる。

そもそもこうした活動の目的はその場で何かを感じ取る、ということなので、視覚以外に刺激を受けることも役立つだろう。嗅覚や味覚、触覚を記録して再現することは当然むずかしい（いずれ可能になるかもしれない）が、録音があれば調査に手ごたえが増すだろう。

「無音」が本当にいっさい音の無い状態であることはめったにない。私たちの耳が周辺の雑音を無視できるように鍛えられてきたというだけだ。いいオーディオレコーダーを使えば、通勤客たちの平底の靴音に紛れたハイヒールの音や、遠くから聞こえる子供の泣き声、ピーンやチーンという機械の音など、普段は気づかない音を記録し、その場を再現できるようになる。仕事場に戻ったあとの報告会やワークショップでは録音した音声を流して環境を再現しつつ、チームが感じたことを思い出させることもできる。コンセプト映像などに深みを加える資料に使うこともできる。

デザインリサーチは役立つか？

この章で概説してきた文化調整のテクニックは多くのことに気がつき、かつ楽しめるように作られているが、企業のリサーチにおいては常につきまとう問題がある。実際に役立つのか、ということだ。仮に正式な調査としてスケジュールに組み込まれないとしても、時間と労力という点ではやはりコストがかかる。研究チームにはしばしばうんざりされるか、睡眠時間を削るものとみなされがちだ（調査チームのリーダーに広く通じることとして、こうしたテクニックを利用するなら、チームに何か報酬があるようにしておくべきだろう。最低でも四時間睡眠のスケジュールが一週間続いたあとの睡眠時間ボーナスと同程度には嬉しいものを用意しておくこと）。

そういうわけで、実用性についても触れておこうと思う。特定の人口層に向けて、たとえば電子レンジを設計しているとしよう。現地の人々の通勤スタイルの機微まで理解していることがその役に立つだろうか？　そうした消費者の通勤スタイルを理解していれば、電子レンジで温めた食べ物を持って飛び出ていかなければならなくなる理由について見識を得られるかもしれないし、それを公共交通機関で堂々と食べるべきか、それともこっそり食べるべきかといった周囲のルールや暗黙の了解を垣間見ることができるかもしれない。

そのうえで、広い意味では消費者の実生活と理想の生き方、日々直面している困難、利便性や費用、満足のバランスをどこでとっているかということがわかる。実際に消費者と話をする際には、こうした周辺環境の調査によって学んだことが、統計からはまず得られない助けとなって理解を深めてくれるだろう。

こうしたテクニックを利用するコツは、過剰な刺激になりすぎないよう、ほどほどにすることだ。活動の中で使った労力と、それに対してどれほどのことが吸収できたかの様子を観察し続けていなければ、正しく活用することはできない。学習はしてもしすぎることはない（不慣れな調査チームだと情報を集めすぎることはある）とはいうものの、労力の割に得られるものはやがて乏しくなる。収穫の多い方法に集中し、そうでなくなったものは切り捨てるのが賢い（そして勇気ある）やり方だ。

良いデザインリサーチと素晴らしいデザインリサーチを分けるものは、しばしば正式なデータ収集とそうでないデータ収集のバランスをとれるかどうか、そして集めたデータを処理できる精神的、肉体的な余裕があるかどうか――つまりデータ（情報そのもの）を洞察《インサイト》（目的に合わせてデータに説得力を持たせる）に変えられるかどうかにかかっている。ほとんどのリサーチャーは正式な調査方法こそ学ぶものの、仕事というより遊びに近く見えるこの活動を正当化することには良心の呵責を覚える（そしてクライアントを怖がる）ことが多い。この活動は、巻末に付録として記載したデザインリサーチの八大基本原則のひとつとして、私が「理想的な表面を整える」と呼んでいるものだ。

　起こりうる将来を想像する能力は、知識から生まれて経験によって増幅されるものであり、究極的には、経験したことの中で何が自分の仕事に応用できるかを理解する能力に根ざしたものである。新しいビジネスを始めるにしても、独特な何かをデザインするにしても、もしくは自分自身の将来のキャリア像を模索しているにしても、即席文化調整のテクニックとありふれた光景に埋もれたことを見つけ出す能力は目的を果たす役に立つだろう。自分の人生や仕事に取り入れれば、人々の意識と向き合い、心を動かす助けとなる。それが理解できれば、人々の財布もおのずから開くようになっていくだろう。

第6章　信頼の問題

A Matter of Trust

ウィリアム・トンプソンという「上品ないでたちの男」がニューヨークの道端で見ず知らずの人と気さくに会話を始め、信頼を得たあと、「あなたの時計を明日まで預けていただけるほど、私に信頼が置けますかな？」と文字通り相手を試す……という話題が一八四九年、七月八日付のニューヨーク・ヘラルド誌に掲載された。[1] 友好的なこの男の申し入れが厚かましくとも信頼に値する、と考えた犠牲者たちがうなずいて時計を渡すと、男はにこやかに去っていき、渡した人物もまた、にこやかに去っていくのだが……むろん、犠牲者が再びこの男、そして渡した時計を見ることはなかった。結局、被害者が男の顔を再び見ることになるのは一一〇ドル（二〇一二年の価値で三〇〇〇ドル相当）の金時計を貸していたトーマス・マクラウド氏が二カ月後に彼を路上で発見し、すぐさま通報を受けた警官が駆けつけ、逮捕されたあとのことだ。[2]

この奇妙な犯罪の噂が広まると、トンプソンは「自信のある男《コンフィデンス・マン》」として知られるようになり、小説家ハーマン・メルヴィルが最後の長編『詐欺師』を書き上げるきっかけとなった。(3)「コン・マン（con man）」という単語はそのとき以来、現代に至るまで他人の信頼を勝ち取り、操り、そして利用するペテン師を指す言葉として使われている。

コン・マンという単語こそウィリアム・トンプソンが由来であるが、信頼する相手を間違えることの恐怖はエデンの園にいたアダムとイヴが「野の生き物のうちで、最も賢い」ヘビに騙される、という『創世記』の昔からすでに書かれている。(4)人類史上最も根本的なこの教訓は、信頼こそ人間関係における根源の最たるものであるということを物語る。

私たちの人付き合い、ビジネスの取引、選挙に条約、イエス、ノーの一つひとつまで、すべてのことにおいて、信頼は欠かすことができない要素である。しかし、信頼なしには生きていけないが、ある程度疑わないとやはり生き延びられない。何が信頼できるか、信頼できないかという感覚は、個人や文化のアイデンティティーの一部を支えるものでもある。他人を信頼しすぎれば純真すぎる、疑いすぎれば被害妄想だとあざ笑われるように、私たちは信頼に対する感覚を研ぎ澄ませてきた。

現代において誰がマンハッタンの路上でまったく知らない相手に三〇〇〇ドルの時計を預けるだろうか（ヘビの言葉に耳を貸すというべきか）？　誰が「あなたの支援を必要としているナイジェリアの王子です」で始まるEメールをご丁寧に最後まで読んだりするだろうか？　基準は時代とともに変わっていくが、スケールの大小を問わず、どう変わるかはたいてい予想ができる。どうして特定の人やもの、ブランドが他のもの以上に信頼を勝ち取れるのか。信頼を築き、維持するにはどうすればいいのか。世界各地の事例、まずは中国から探っていこう。

午前半ばの冬のさなか、灰色の壁が立ち並ぶ北京近郊を早歩きしているあなたは、冬の厳しい寒さと空腹をしのげる暖かい場所を探している。明日は東京で大事な取引先を説得する会議があり、最高の出来に仕上げたい。そう考えているとき、竹かごに入った饅頭の屋台の番をしている、日に焼けて顔がしわくちゃになり、汚い前掛けをつけた小太りの女性に呼び止められた。その屋台の饅頭は食べても大丈夫だろうか？　大丈夫でなかったらどうなるだろうか？　大丈夫かそうでないか、手がかりは何だろうか？　そして手がかりに対する自分の判断を当てにできるだろうか？

一週間後、およそ一万キロ離れたサンフランシスコのスターバックスにあるトッピングコーナーで、「ハーフ&ハーフ」というラベルの印字が薄く、しかも剥がれかけで、手あかのついた魔法びんから自分のコーヒーに中身を注ごうとしてふと考える。どれほどの人がこの容器に触れただろう？　そのなかでトイレに行って手を洗わなかった人はどれくらいいるだろう？　使って大丈夫だろうか？　大丈夫かそうでないか、今度の手がかりは何だろうか？　大丈夫でなかったらどうなるだろう？

饅頭の屋台の前であろうと、大手飲食チェーン店に置いてあるハーフ&ハーフの容器だろうと、判断を下すその瞬間には大小さまざまなことをはっきりと、あるいは暗黙のうちに考えている。他の客がいるか、そしてそれを利用しているかといったあたりの様子や、こうした状況下で自分が今まで経験してきたこと、ブランドの価値や意義、そして問題が起こったときの深刻さ。すべての筋書きや手がかりがこの瞬間に凝縮される。

自然環境における生態系と同様、信頼関係の生態系——土地や人物の様子、現地（もしくはその場）の犯罪発生率、目や鼻で感じるもの、見知らぬ人の親切さなど、信頼性の判断に関わるあらゆる環境——は、その中における人々のやり取りの一つひとつをかたちづくっている。そしてやはり自然環境と同様に、システムに大きな変化が起これればその中にいるすべての人やものが影響を感じることになるだろう。

信頼をかたちづくるものを掘り下げる

信頼とは何かを環境の観察によって検証するまえに、まず私たちが商品やサービスの信頼性を実際どうやって判断するのかを見ていこう。単純に公式化できるようなものではないが、信頼するかどうかの判断は、漠然とした感情——なんとなく怪しい、うさんくさい、何かがおかしい、逆になんとなくいい気がする——から経験則、あるいは単に考えることが少なくてすむからという理由まで、さまざまなものが根拠になりうる。たとえば信頼できるレストラン紹介サイトで最低でも四つ星を取っていない店には行かない、と決めていたとしても、食べ物にうるさい友達がどこかの知らない店を（フォースクエアのようなソーシャルネットワークで）「チェックイン」、つまり遠回しに推薦していれば、例外扱いすることもあるだろう。実際、こうした自他の経験則こそ第三章で論じたような新技術採用の境界線モデルで基準となっているものだ。

ソーシャルネットワークはそれ自体が信頼関係の生態系そのものであり、意思決定の過程に大きな影響を与えている。

信頼は素晴らしく複雑なものであるから、その分析にはいくつもの道筋があるといっても何の不思議もないだろう。意思決定の核心にあるものでありながら、直感から得られる膨大な情報に大きく依存しており、怖れと安らぎのあいだにはほんの些細な違いしかないこともある。しかし、全体（信頼の生態系まるごと）とその部品（手がかり一つひとつ）として考えれば、信頼には生きるために必要な資源を確保するという生存競争の要素にもとづく部分がある。構造立てて説明するために、信頼というものの評価を六つのものさしにしてみよう。すなわち、**真正さ**、**約束の履行**、**価値**、**一貫性**、**安全性**、**保証**だ。

ある商品が顧客の期待するものに適合している場合、主観的で文化に依存するものではあるが、その商品は**真正さ**があると判断される。ピザを例にとれば、ニューヨークに住むアメリカ人がまっとうなピザといえば薄く噛みごたえのある生地にあっさりしたソースがのったものである一方、シカゴに住むアメリカ人ならぶあつい生地に濃厚なソースがかかったものを期待する。どちらにしてもレストランがバターたっぷりの生地にケチャップとチーズをかけて出そうものなら、顧客は店そのもの、そして彼らの定義にあった「ピザ」を作れるという能力の両方を信用しなくなるだろう。

約束の履行とは、イギリスにある木材着色・防腐剤メーカー、ロンシールの不動のスローガンを借りるなら、「缶に書かれた通りのことをする」ということだ。私たちは売り文句にたがわないものを信用し、そうでないものを疑う。

価値とはすなわち、代替品などと比較して相応の品質があるかどうか、簡単に言えばぼったくりだと感じないものを信用する。

一貫性は約束の履行と似ているが、私たちが必要になったときに一貫して使えるという期待が持てるかどうかという意味合いも含む。明日も明後日も、そのあともずっとそこにある、ということだ。

安全性についての説明は簡単だ。自分や他人の肉体や精神、あるいは環境に重大な害を及ぼしかねないものは信用しない。

最後の**保証**は明示的か、暗示的かの形態を問わず、万が一製品に問題が起こったとき、製造元や販売者が素早く丁寧に対応するだろうという安心感である。明示的なものとしては保証書やカスタマーセンター、交換や返金保証などが挙げられるだろう。

以上、概説した信頼の六つの側面の共通点は何だろうか？　それはすべてが消費者保護の法律として基準化、成文化し、遵守されるようにできることだ。しかし、広告法、中古車法、健康・安全基準など、法律や強制の度合いは場所によってさまざまに異なる。六つの側面における個人の主観的な判断もまた、過去の経験や持っている情報によって変化してくる。そして法規制と個人の判断の間に、信頼の生態系をかたちづくる一連の期待が生まれる。

信頼度が高い生態系の顧客は、信頼できる商品やサービスが適切な値段で販売されており、また宣伝にも真実が多く、深刻な違反があった場合には政府（あるいは法的判断を握っている人物）

が味方をしてくれる、と期待する。顧客への信頼度が高い生態系における企業は、顧客が商品の宣伝と価格を額面通りに受け取ってくれる、と期待する。これに対して、信頼度の低い生態系における顧客はほとんどの商品を疑うきらいがあり、また法的な安全策によって安心することもない。企業は商品の質を自ら証明しなければならないものだと考える一方、罰金や訴訟におびえる必要も少ないのでごまかしやすいということも知っている。もちろん、両者における顧客はそれぞれ大きく異なる前提条件をもとに行動する。危険信号がともるまで商品は信頼できる、と考えるのか、それとも不安が解消されるまで商品は信頼に値しない、と考えるのかだ。

これを信頼の境界線としてマッピングすれば、最低境界線は商品を拒絶している状態、最高境界線は完全に信頼しきっている状態、そしてその中間の領域が十分に信頼している状態、となる。拒絶の領域にいる人物は、商品にはコスト（お金や健康、名声など、本人にとって製品購入に関わる重要な価値観）に見合った価値がないと考えており、製品やサービスの利用を拒む。中間の十分な信頼の領域にいる人物は、商品を利用する最低限以上の意志があるが、その一方で懐疑的でもあり、商品が約束と違う可能性を示す怪しい部分がないか警戒している。完全な信頼の領域にいる人物は、その製品やサービスは一〇〇パーセント約束通りに役立つものであると信頼しており、わざわざ粗探しをしたり次善策を考えたりする労力を割こうとしないということだ。

さて、ここで以前に提示した二つの例、北京の饅頭屋台とサンフランシスコのハーフ&ハーフに戻ってみよう。どんな世界的な基準からみても、こと食べ物において中国は特に信頼度が低い環境である。化学物質とゼラチンと石蝋でできたニセタマゴ騒動、においや味を似せるためアヒルの肉をヒツジの小便に漬け込んでいた騒動、(5) 食品工場や、まれに本当の下水から回収していた飽和脂肪酸を使ったいわゆる下水産食用油の騒動など、どの年をとっても汚染された食べ物のニュースが出現している。(6) 境界線マップにおいてはまさしく拒絶の領域が始点となるだろう。料理店の主はどうやって潜在顧客を十分な信頼の領域まで引き上げていくだろう? 内装を変えるかもしれないし、メニューを作り直すかもしれないし、べた褒めの新聞記事を壁に飾るかもしれない。高級に見えるよう、あえて値段を上げるなどということさえ考えられる。さらには、客のお皿に乗るものが原料を直接連想できるようにするかもしれない——つまり、皿に鶏の胴体や脚、羽と頭が載っていれば、その原材料を強調できるということ(頭から順に下まで——トリの脚は中国では珍味である)だ。(7) 信頼度の低い環境と比較して、信頼度の高い環境では屠られた動物の見た目がお皿の上にはっきりと表れない傾向がある。

今度はサンフランシスコのスターバックスだ。比較的厳しい(そして適切に執行されている)消費者保護法のある国、州、そして市に位置しているというだけでなく、スターバックス社の安全基準も存在する。信頼度の始点はおそらく、その店が会社の基準を満たしているように見える限り、ハーフ&ハーフの容器は完璧に安全だというところだろう。しかし、基準がなおざりにされている——気のつかない店員がこぼれたコーヒーをそのままにしている、容器の周りをハエが飛んでいるなど——と考えられるようなものが目に入れば、ハーフ&ハーフの利用をためらうかもしれない。それを注ぐコーヒーにしてみても、真正さ(本当にフェアトレード製品?)

信頼の境界線マップ

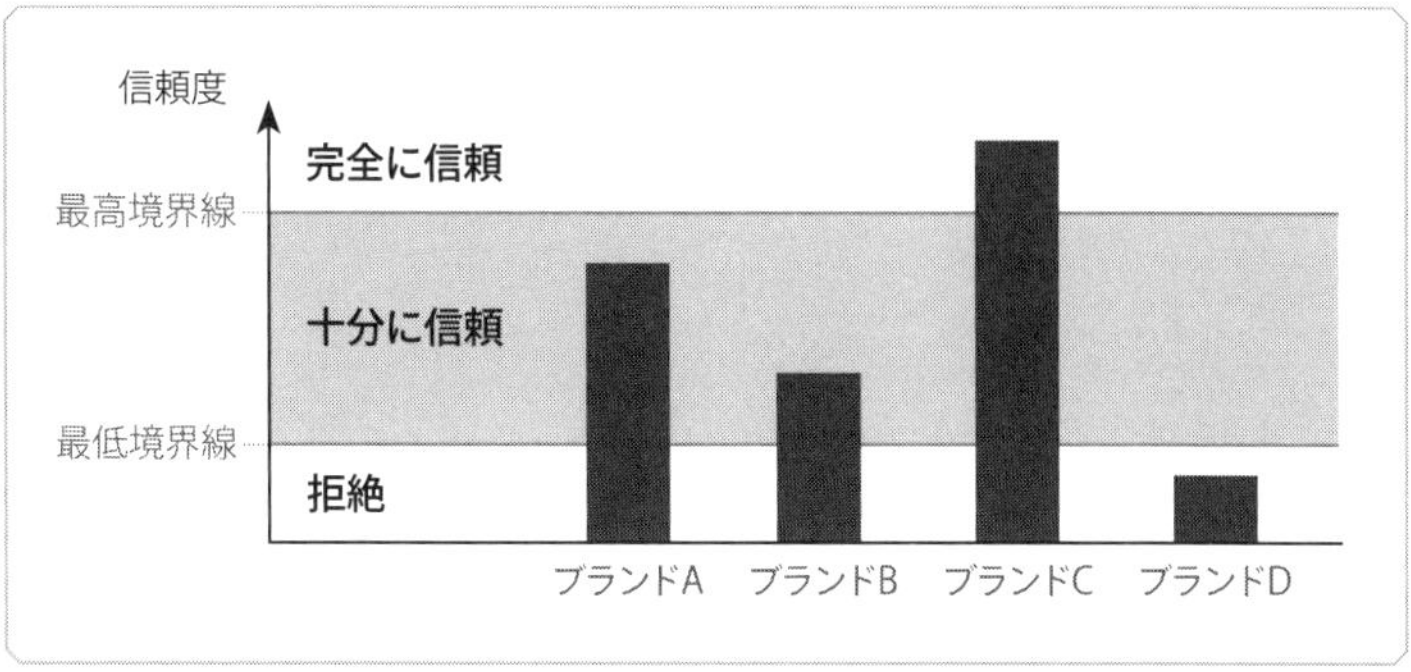

や約束の履行（カフェイン抜きを頼めば本当に抜いてくれる?）、価値（三ドルに見合う?）、一貫性（昨日と同じくらいおいしいものが出る?）、安全（車に戻るまでちゃんとフタが閉まっている? それともこぼれて火傷しそう?）、そして保証（もしケシズミのような味がしたら新しいものに交換するか、返金してもらえる?）といったことについて考えている可能性もある。だが、スターバックスはこれらの六項目について、一般的に信頼できるブランドだと考えられているので、ドアに書かれたブランドロゴが信仰の領域まで信頼度を引き上げ、いちいち疑うような労力を省く経験則上の判断基準となるだろう。

ブランドの力

信頼の生態系において、ブランドは際立った役割を果たす。知られているブランドの傘下から新しい商品が出されたとき、私たちの信頼度の基準点はそのブランドのそれまでの製品を使って得られた経験から形成される。

ブランドに対する信頼は、私たちがそのブランドをどれほどひいきするか、そしてブランドに対して抱く好感に強く影響する。どちらもブランドが市場シェアを確保する力と割高な値段が許される力に直結するものだ。(8)

ブランドに対する信頼は、そのブランドについて言われていることを人々が信用しようとするかにも影響を与える。コンサルティング業者、エデルマン社の信頼度インデックスによれば、信頼されている会社について肯定的な情報を聞いたとき、五一パーセントの人が一、二度聞いただけでそれを信用する一方、否定的な情報を最初の数回で信用した人は二五パーセントにすぎなかったという。(9)しかし、信頼されていない会社の否定的な情報は五七パーセントが最初の一、二度で信用され、肯定的な情報はたったの一五パーセントしか信じられなかったという。信頼はブランドにとって大きな財産であるという以上に、信頼されていなければすさまじい損失を被ることになりうるのだ。

これまで説明してきた六つの視点——真正さ、約束の履行、価値、一貫性、安全性、保証——から考えれば、ブランドの知名度を高めることにどのようなメリットがあるかがはっきり特定できることだろう。コカコーラがコカコーラであるということはつまり、いつでも自分が期待している通りの味がするという真正さがあり、その味を以前体験し、また同じものを味わえるという約束の履行がある。また、たとえば過去にボトルを一本買うのに一ドルを出していたとして、次に買うものも同じ一ドルに見合うだろうという印象を与える、いわゆるアンカー効果として知られる認知バイアスの恩恵を受けた価値があり、繰り返しになるがコーラは毎回(10)

ほぼ同じ味がするという一貫性があり、以前に害を受けたことさえなければ、次に飲むときも（糖分過多により起こると言われる長期的な健康への害を除けば）[11]何ら害はないだろうという安全性があるということである。もしブランドが終始この整合性を保っていれば、保証は理論上あまり必要がなくなる。消費者が完全な信頼の状態になり、保証について意識しなくなるからだ（コカコーラ社はブランドの中核にある製品と価値の扱いを誤ればとんでもないことになる、という一九八五年に起こったニューコーク失敗の教訓も残している。新しいレシピが大騒動を巻き起こし、信頼の生態系に亀裂が入った。幸いコカコーラ社の幹部陣はすばやく顧客の声に反応し、わずか七九日で出回っている製品を元のレシピに戻したことで、コカコーラ社の面目は保たれた）。

このように、特定のブランドに対する信頼を鑑みれば、競合他社が自社製品を売るために現存するブランドを真似たり、剽窃したり、オマージュしたりするのもなんら不思議ではない。サングラスや携帯電話など、市場に出ている製品に驚くほど似通った、ほぼ複製品とさえいえるものは見慣れていることだろう。何が「ニセモノ」の要件であるかはブランドや消費者や司法機関によって意見の相違が見られることもあるが、ブランドの名前を、なんとやら、グレーゾーンで目にしたこともあるだろう。

私が目にしたことのある最も極端な例はＫＦＣのカブール支店だ。少なくともカーネル・サンダースの見慣れた顔と赤白の象徴的な色づかい、そして間違えようもない揚げ物の香りから、見た目と匂いはＫＦＣそっくりということができただろう。だが本物のＫＦＣの親会社であるＹｕｍ！ブランドは、アフガニスタンにおいてフランチャイズの契約など一切していない。地元の起業家がブランドの看板を真似て、今回の場合でいえばカブール・フライド・チキン（Kabul Fried Chicken）を立ち上げたのだ。戦乱で荒廃した国にファストフード店のチェーン展開を分析して模倣できる人物がいるだけでも十分驚きに値するが、私が興味をそそられたのはその人物が他国のものをただ真似るだけでなく、地元に合わせようとしていたことだった。

本物のKFCに入っても（国際展開しているファストフードチェーン店すべてに共通することだが）、メニューや看板でその食べ物の材料となった生き物を目にすることはまずないだろう。信頼度の高い環境にあるファストフード店は、皿に載った料理から肉の出所をできるだけ連想させないようにする。だが、カブールでは違った。看板には写実的なニワトリが加えられていたのである（メニューにケバブがあったこともKFCのニセモノだと物語るが、第五章のマックアローティキのように、ファストフードの会社が現地の嗜好に合わせようとすることは往々にしてある）。「トリ肉」が実際ニワトリの肉かどうかが疑わしい国では、消費者があらためて確証を求めてくるのだ。

特にこの環境において、食べ物の真正さは出される食べ物――この場合ニワトリ――と元の食材の結び付きをはっきりと明示できるかどうかにかかっている。店がKFCに認可されたフランチャイズであると主張するよりも、このように商品の正当性を主張することで信頼を生み出そうとしているのだ。

もしケンタッキー州にある（本物の）KFCがカブール・フライド・チキンのように生々しいニワトリのイメージを看板に使い、ケバブを出していたら、顧客はブランドに対する信頼を失ってしまうかもしれない。KFCと聞いて支持者が期待するものと余分に追加されたものがまったくかみ合わないからだ。コカコーラ社の幹部たちがうっかりニューコークを出した際に思い知らされたように、何が真正かの判断をするのは消費者の側である。納得いかないなら、ライフセイバーという固形キャンディのブランドで販売されたソーダ、歯磨き粉ブランドのコルゲートが出した冷凍食品、消炎鎮痛クリームのブランドであるベン・ゲイが出したアスピリンの錠剤、使い捨てペンのブランドであるビックが出した女性用下着、銃のメーカーであるスミス&ウェッソンが出した自転車などの事例をメーカーに尋ねてみるといい。すべて一級のブランドから販売されたにも関わらずコケてしまった、実在する商品群である。

ミルクの匂いを嗅ぐ

九〇年代半ば、大学を出たばかりの私はロンドン大学バークベック校でデザインを教えていた。ウェブデザインを学んでいる学生たちにEコマースの手続きなどを設計するとはどういうことかを考えてもらうため、お茶をいれる所作を一つひとつの段階に分解してもらった。キッチンに入る、やかんに水を入れる、やかんをコンロの上に置く、どの茶葉を使うか選ぶ……と、ほとんどの生徒が流れを簡単に分け、イメージできたことは想像できるだろう。クラスの中でも火にかけるまえに茶葉を入れるかどうか、どの茶葉を使うか（中国やインドならおそらくまったく違う答えが返ってきただろう）、ガスで沸かすか、それとも電気か、砂糖を入れるかどうか、など少々の差異はあったものの、他に何か手順がないか聞いたときには、たった一人の生徒が手を挙げたほかは誰もが口を閉ざした。彼が言ったことは普通の人の感覚からほとんど外れていたものの、合理的ではあった。すなわち「ミルクの匂いを嗅ぐ」ことだ。彼は自分のアパートで過ごすこともほとんどなく、定期的に買い物をすることもままならない一人暮らしの大学生であった。その結果として、しばしばミルクを使い切るまえにダメにしてしまうことが多かったのである。彼にとって匂いを嗅ぐことはミルクが何の疑いもなく飲めるかどうかを確かめる手段だった。

スターバックスの例に話を戻すならば、世界的なブランド傘下の店でミルクの匂いを嗅ぐことと、自宅で嗅ぐことの違いはどこにあるだろう？　スターバックスにはドアに貼られた衛生検査官の評価証明書やら、冷蔵庫から出されたばかりだとわかる容器外側の水滴やら、新しい容器のそばにあった古いものを入れ替えている忙しげなスタッフやら、ミルクが新鮮であると消費者が信頼できるような手がかりがいくつもある。家では、手がかりになるのは容器に刻印された消費期限だけだ。(12)ある程度安心はできるが、ミルクが実際いつダメになるかを教えてくれるわけではない。ミルクを嗅ぎ分けることに相当するチェック——商品やサービス（あるいは人も）をいざ消費する、あるいはやり取りするその瞬間、信頼に値すると私たちが確かめるためにすること——は私たちの人生のあちこちでなされている。顧客がお茶をいれている人であれ、オンライン決済をしている人であれ、良いデザイナー、商品開発者、マーケター——あらゆるイノベーター——は顧客が生きている信頼の生態系を理解し、どのようなきっかけなら顧客の懸念を和らげ、信頼を強められるかを突き止められなければならない。

信頼度の高い生態系において、まず期待されるのは商品やサービスが信頼に値するということであり、信頼の指標となるものは真正さ、約束の履行、一貫性、保証において既存の信頼を維持し、支えるものである。テレビで投げかけられるスローガンはゼネラルモーターズの「奥行きのある走り」のように、新しい製品や機能よりも長きにわたる評判を強調している。

信頼度の低い生態系で基本となるのは信頼のない状態であるため、商品の売り手が自分は信頼に値するとまず潜在的な顧客に対して証明する必要がある。信頼のきっかけとなるものは拒絶の段階から十分な信頼の段階にまで顧客を引き上げるようにデザインされるべきである。この場合の信頼のきっかけとは、問題があった場合に最も重大な結果を生むもの、すなわち安全と値段に関わるものだ。給料一カ月分をつぎ込んで買った携帯電話が思っていたほどいいブランドではなかったという場合と、給料一カ月分をつぎ込んで買った携帯電話が通話できないどころか感電する可能性があるという場合では、まったく事情が異なる。

そういった状況においても、ちょっとした独創性さえあれば「嗅ぎ分けテスト」を作ることは可能だ。中国の重慶では公の場でタンを吐くことが依然として一般的な慣習[13]であるが、タクシーでは座席のカバーが清潔（つまり安全）さを信用させるきっかけになっている。一番信頼できるものは、今日の曜日が前座席の背中側にプリントされているものだ。それ以外のタクシーでカバーが毎日替えられていないというわけではなく、ただ顧客に清潔さをあらためて信用させる努力をしていないというだけである。

ウガンダやアフガニスタンでは、二〇〇九年時点で電気を利用できるのが全人口のそれぞれ九パーセントと一五パーセントにとどまっている。[14] 携帯電話を利用している人の多くは、車のバッテリーなどのさまざまな電源から充電サービスを行っている売店で少額の利用料を支払い、携帯電話を充電している。だが、顧客は自分が空のバッテリーを使っている業者に騙されないとどうすれば信じられるのだろう？　アフガニスタンの電源希少市場では、電源に電球をつなぎ、点灯させることで客に信頼してもらえるよう訴えている。では、携帯を預けてから引き取るまでのあいだ、盗難にあわないということはどうすればわかるのだろう？　ウガンダでは小型のロッカーに携帯電話を保管しているのが目に入った。私が見た限りは空港で見るような見かけ倒しの安全演出と同じ類のものだったが、あらゆる安全演出のねらいはそもそも利用客を安心させることで、絶対に盗まれないという保証ではないのである。

こうしたミルク嗅ぎ分けの機会が初めからサービス自体に仕組みとして織り込まれているものもある。中国のｅＢａｙに相当するタオバオ（淘宝）は信頼度の低い環境で運営されている。明らかにオンラインのやり取りは人同士よりも信頼できない。ｅＢａｙとタオバオの取引における最も大きな違いは、タオバオには専用のチャットが用意されており、売り手と買い手がリアルタイムで交渉するとともに、お互いを嗅ぎ分けられるようにできていることだ。第二に、タオバオでは顧客が商品を受け取り満足するまでのあいだ、第三者の口座に代金を預けておくことができる。本質的に言えば、タオバオはビジネスを仲介するだけでなく、売り手と買い手の信頼関係をも取りもったのである。この違いは中国でｅＢａｙが失敗し、タオバオが明確な勝利を収めた原因のひとつであるといえるだろう。

もちろん、もっと婉曲な方法で商品やサービスに信頼を生む方法もある。色や質感、文字の体裁や形状、大きさ、量、重さなどはすべて、商品が約束通りのものである、という顧客の信頼を生むのに役立つものである。

電化製品でも歯磨き粉でも、今度買い物に出かけるときにこんな思考実験はいかがだろう。同じカテゴリーの製品をふたつみっつ探してみて、自分がどれを信頼するか、それを一番上に置く理由を考えてみてほしい。ブランド名？　過去に製品を使った経験？　パッケージのデザイン？　それとも値段？　それから、想像したものと実物の間に大きな差がある「間違った」選択をした場合の結果も想像してみてほしい。だまされたと感じるだろうか？　無駄づかいしたことを恥ずかしく思うだろうか（その恥は自分自身に対してか、仲間内に対してか、それとも比較的他人に近い店員に対して）？　信頼できないものを見つけたことを誰かに教える？　そういったことをさらに増幅する、もしくは相殺するような事情は何があるだろう？

そうした因果を考慮に入れ、信頼できるブランドの製品に対して相対的にいくら余分に支払えるかを考えてみてほしい。そして、信頼感の演出をやりすぎているものにどう反応するだろう？　信頼できるとはどれほどまでで、どれくらいがやりすぎになるだろう？　たとえば半ダースでいくらのスポンジに高級なスマートフォンさながらの梱包がされていたり、住所や連絡先を書かなければ使えない保証書がついていたり、何か問題があった場合は専門店でただちに交換いたしますなどと約束されていたらどうだろう？

もしさらに実験を深みのあるものにしたいなら、第三章のビールとボーレンの製品普及の五段階――認知、関心、評価、試用、採用――のそれぞれ、そして採用以降にある利用の段階でどのように商品の信頼度を評価するかを考えてみるといいだろう。

最後に、製品を利用し終わるときに関わる信頼の問題がある。商品の使用期限が切れる、消耗する、効能が失われるといったとき、その指標となるもののデザインだ。ミルクを嗅ぎ分ける学生同様、私たちはいろいろなものが腐ったかどうかを自分の感覚に頼って確かめることもあるし（ミルクのように酸っぱいとは限らない）、車のブレーキが消耗したときに発する音や、ガス漏れに気づけるようにあえてつけられている天然ガスの匂いなどのように、初めから組み込まれている危険信号に頼る場合もある。だが、商品が腐るよりもはるかに早く設定された賞味期限や、毛の色が落ちたらまだ使える歯ブラシを交換するよう促す取り換え時期チェッカーなど、結果が事実と異なると認識された場合、私たちはその仕組みに対する信頼を失い、無視するようになる。したがって、商品の信頼性を比較するときには、それがどのような嗅ぎ分けテストを私たちにさせているか、そもそもテストが存在するか、そしてその仕組みを作るのに何が必要かだけでなく、私たちに関心を抱く価値があると考えさせるには何が必要かまで考えを巡らせてほしい。

私たちはみな消費者である。この思考実験を通じて自分の選択を振り返るとき、私たちが何を消費するかという選択の裏に隠れた根拠を洞察することができる。他者に信頼される、ましてや愛される商品やサービスを市場に送り出そうとしている生産者なら、この問題を体系立てて突きつめ、理解することが不可欠となる。

ここまでくれば、どこで取引が行われるか、商品のブランド、商品そのもののデザインや見せ方など、消費者の環境のあらゆる面において信頼が影響を与え、また影響を受けるということが事実上明らかとなっていることだろう。すでにこのことについては大量の本に書かれており、これからも増え続けるだろう。そのため、私のねらいは信頼関係の側面をいちいち図式化していくのではなく、そこに新たな角度からアプローチする方法をいくつか記していくことである。実のところ、いちばん奇妙で魅惑的な疑問をこの章の最後までとっておいた。すべてが嘘と作為、窃盗の上に成り立っている――そして信頼という暗黙の了解を破っておきながら繁栄している――業界が、どのようにして作られているのかだ。

スーパーコピーの繁栄

中国四川省の省都である成都は人口一四〇〇万人以上を擁する大都市[15]でありながらめったに名前を耳にしない都市のひとつだが、二〇〇六年の冬、その裏通りを旅行者仲間とともに散策する機会があった。そこで、現地のいわゆるアダルトショップに相当する商売をしている紳士に偶然出会った。バイクの後ろに木製の小型トランクが取り付けられており、外開きにされたそれの中には性欲増進剤やコンドームが並べられていた。さらに路地を進むと、同様の仮店舗が二件、視界に入った。どこも中国産の性欲増進剤を販売していたが、その中にはバイアグラを名乗る商品――かたちも大きさも、パッケージもそれらしく作ってあるもの――があった。

信頼度の低い環境で、ましてや「露店」が移動可能であるという事実（問題があったときに返金するはめになる可能性を減らしている）を考えれば、商品が約束通りのものではないという公算は高い。それでも同じ路地に三つもの店がまったく同じ商売——ほとんどは野心あふれる中年男性によって営業されている——で張り合っているのである。中国の性欲増進剤は日常的に製品を売り込みすぎ（「二六時間持続する、腎臓にいい」[16]）である一方で、バイアグラは白い箱に内容物の書かれたシール、そして脇にロゴという、ずいぶん謙虚なデザインだ。いずれにせよ、三軒も店が並んでいるということは、十分商売が成り立つ市場があるということだろう。ニセモノを買わされるリスクや商品が約束通りのものでないリスクがとてつもなく高く、それどころか健康に有害な物質が入っている恐れさえあるというのに、である。いったいニセモノをつかまされる可能性がこれほど高くても商品を買っていくのはどういう人物なのだろう？　ここまで論じてきた信頼の原則にことごとく反する問題のようにさえ思えてくる。

二〇〇八年に発表された経済協力開発機構（ＯＥＣＤ）の模倣品と海賊版に関する報告書によれば、そうした製品は世界の取引のおよそ一・九五パーセント——むろん概算ではあるが、約二五〇〇億ドル——を占めるらしい。[17]まがいものの販売業者が四半期ごとに収支報告をするわけはないし、ＭＰ３に録音された音楽のコピー製品、技術を盗んで作られた車の相場と実売価格のズレなど知る由もなければ、営業にかかる経済コストも実体経済として算出するのは難しい。しかし、ヤミ市場をはかり知るのは本質的に困難なこととはいえ、売り手と買い手の双方に利益が無ければ、市場は成り立たない。

数年来、マイクロソフト社はコンピューターに海賊版のOSをプリインストールして販売した疑いのある店を告訴したり、[18]杭州を知的財産権保護の「模範」とするべく違反者の駆逐に費用を投じたりするなど、[19]中国の海賊版ソフトウェア問題に取り組んでいる。二〇一一年、CEOのスティーブ・バルマーが、中国とアメリカのPC市場はほぼ同じ大きさであるにも関わらず、マイクロソフトの中国での収入はアメリカの五パーセントにとどまると主張していた。[20]その数字をどうやって算出したかは知らないが、私の経験からは中国のどこでも街を数ブロック歩けば、路上で海賊版ウィンドウズのCDを二〇元（三ドル）で売っているところが見つかるだろう。

だが、仮にCEOの主張が正しかったとしても、私はマイクロソフト社が海賊版によって利益を得ているのも事実だと論じたい。売上こそ僅かかもしれないが、そうした製品やプラットフォームが使われることによって、OSにウィンドウズを使うという文化ができあがったからだ。コンピューターの使い方を覚えるのも難しい一般ユーザーにとって、海賊版の利用は使い方を知り、その常識を学ぶ貴重な学習の機会である。使ったのが正規版であれ海賊版であれ、ひとつのOSの使い方を学ぶために時間や資金、精神的な労力を割いたということは、別のOSを使うことに対する障壁となるということだ。金を払っていない顧客、もしくは少なくともまだ本物を作った会社に金を払っていない顧客であるとしても、ブランドに対する消費者のロイヤリティが得られたということである。マイクロソフト社にとっての利益は、オンラインの販売、もしくは傘下のハードウェア製造者からの販売によって、遠い将来海賊版の利用者を自分たちに代金を支払ってくれる顧客に変えるチャンスを増やせるというかたちで返ってくる。

ニセバイアグラにしても海賊版ウィンドウズにしても、信頼に関する重要で複雑でもある疑問が持ち上がってくる。消費者の視点から見て、いったいどうして真正さの面においても保証の面においてもとうてい及ばず、安全性や一貫性、約束の履行や価値の面においては実現率の高いリスクが存在するような商品を信頼するのだろうか？　第一の説は、他に選択肢がなければ、消費者はしばしば信頼の境界線を自ら望んで下げるということだ。実店舗のアダルトショップは今でこそあちこちに広がっているが、二〇〇五年の中国には事実上存在しなかったといってもいい。第二は、バイアグラは必需品に近い性質を持っているという説だ。必要に迫われた消費者は得られると言われている利益を得るために通常以上のリスクを負うことがある。第三の説としては、スニーカーや携帯電話の模倣品同様、ニセバイアグラは多くの消費者が暗黙のうちに自ら選び取っている、ある交換条件を示しているものだ。すなわち、危険を冒すというコストとお金を払うというコストのトレードオフである。バイアグラのニセモノを買う人はお金としての財産よりも、危険を冒せるという財産をより多く持ち合わせているのだ。

純粋な経済的理論のうえでは、第三の理由が最もそれらしく見える。しかし、何年にもわたって経済ピラミッドの底辺に位置する人々と会話をしてきた限り、こうした人々はダメだった場合に別のものを買うということがいちばん難しい人々であり、商品が約束通りでないというリスクを認識している。むしろ、最も手ごわい客だということができるだろう。それでもニセモノだと十分承知のうえで商品を買うことがあるのは、それが自分に手が届く唯一のものだと考えたから、製品そのものよりもブランドに価値を置いているから（バイアグラの場合はそぐわないが、ナイキやｉＰｈｏｎｅならまさにこれだろう）、もしくは限られた予算で差し迫った需要を満たす必要があり、真正品のためにお金を貯める時間もないから、といった理由である。私たちは中国でニセモノを購入していた消費者たちが、ニセモノと本物の違いがわかるようになるにつれて、本物を欲しがる（ときには買う）ように移り変わっていくのを目の当たりにしてきた。

海賊版のソフトウェアやそのほかさまざまな違法デジタルコピー製品は、信頼について、また別の大きな問題を提起してくる。ウイルスやマルウェアの心配も多少あるとはいえ、一般的な認識において、海賊版はオリジナル製品の完全な複製品であると思われている。路上の販売人がカスタマーサービスとしては明らかに期待できないという保証の欠如を除けば、消費者は海賊版に本物とほぼ同様の信頼を置いている。問題になるのは供給側だ。ここで大事なことは、訴訟や断固とした反海賊版の姿勢を見せている政府との連携によって海賊版が根絶できるかどうか、ではない。企業が反海賊版のお粗末な取り組み――反海賊版劇場とでも言うべきか――に費用を投じたほうが儲かるか、それとも海賊版に利益を持っていかれようと売れる新製品やサービスの開発に費用を投じたほうが儲かるか、ということだ。特にデジタル革命によって従来のビジネスモデルが転覆してしまった音楽や映画、テレビや出版業界に持ち上がる疑問といえるだろうが、耐久消費財の製造者にとっても重要性は増してきている。

この問題については、またしても中国が最先端かつ中心地である。その理由の一部は中国が世界の生産拠点であり、最大の模倣品や海賊版の輸出国（ただし、ＯＥＣＤの二〇〇八年度版報告書によれば、本物に似せた模倣品の輸出では一三四カ国中一五位である）[21]でもあるからだろう。ただ、中国には巨大なコピー商品やニセモノのヤミ業界があるというだけではない。山寨《さんさい》――「山にある城塞」を指し、山にたてこもる「盗賊」から派生した言葉である――として知られるこの業界は、本物を解析し、独自の発明も加えてそれになり代わるものを製造するという文化を発達させてきたのである。山寨の製造業者たちはＳＩＭカードのスロットが複数ある携帯電話を真っ先に生み出した。[22] これは特定のネットワーク内では通話無料というサービスを利用して節約を目論むユーザーに人気の機能であった。電動カミソリやたばこケースを内蔵した携帯を最初に開発したのも彼らである。[23] 手に収まるものだけではない、山寨ポルシェと聞けば乗り心地を試したいと思ったり、[24] イケアの商品やショールームをまるまる模造した家具店があると聞けば家具を買って持ち帰りたいと思ったりはしないだろうか[25]（残念ながらスウェーデン風ミートボールはないようだ）。

公に認めるものはいないが、中国で商品を製造している世界的ブランドのほとんどは、中国では模倣品がつきものだと認識しているようである。ニューヨーク・タイムズ紙に匿名を条件として語ったある大手運動靴メーカーの上級社員は「こっちの商売の邪魔になる？　あまりそうは思えないね。うっとうしいのは確かだが、お世辞みたいなものだと考えているよ」とコメントを残している。[26]

模倣品を怖れる必要があまりなさそうだとしても、山寨文化が世界的ブランドにとって深刻な脅威とならないか、といえばそうでもない。「ニセモノを作るのは過渡的なものさ。今は自分たちのブランドを立ち上げているところ。長期的には自分たちだけのブランドで、自分たち

收
手机

の評判を得たい」と、ある山寨工場の経営者がニューヨーク・タイムズ誌に語っている。山寨の業者たちは小さなネジひとつからソフトウェア基盤まで、生産チェーンの各部に存在する小回りのきく製造業者のネットワークを駆使し、本来製造に一年かかるような精密な電子機器を一カ月で量産し、いわゆる本物より早く市場に商品を出すことさえも多々あるのだ。その能力を自分たちのものとして使いはじめたら何が起こるだろう？　そういった工場に外注していた企業はどうやって遅れを取らないようにするのだろう？　デザインや製造の大革命が起こることも十分にありうるのだ。

そうなれば、中国の消費者にとっての問題は誰を信頼するかということになる。長年付き合ってきた由緒あるブランドか、それともその舞台裏でずっと働き続け、良い製品をより安く世に出す方法を編み出した無名のブランドか？　ブランドの価値そのものにいくばくかの金を出させせようとするような利益重視のブランドから買うか、それとも利益目的以上に消費者の需要に応えようとする山寨ブランドから買うか？　世界的な市場の中では、もはや中国の消費者だけの問題ではない——私たち全員の問題でもあるのだ。

そして答えがそのどちらでもない、としたらどうだろうか。イスの設計図をダウンロードすれば家にある3Dプリンターで製造できるから、イケアか十一家具店かなどと選ばなくてよくなるかもしれない——突飛な話に思えるかもしれないが、悪名高い世界最大のファイル共有サイト、パイレート・ベイにはすでに3D印刷用のファイルの項目ができている。[27]　技術が時間と共に進歩していけば、やがて品質も専門の製造業者に近づき、手も届きやすくなることだろう。

そうなったとき、いったい誰を信頼するだろうか。ブランドか、工場か、それとも自分？　そしてそれより重大な問題は、あなたの潜在顧客が誰を信頼するかだ。あなたの製品の価値を証明しなければならなくなる信頼の環境とはどのようなものか？　消費者が信頼を確かめるために使う手がかりは何か？　その手がかりの中で何が文化や状況に特別なもので、何が世界共通のものか？　そうしたことは、自分が市場に送り出そうとしている製品にどのような変化を与えるか？　不信に満ちた世界で、どのようにして顧客にミルクの匂いを嗅がせるか？　その指針はこれまでに記してきたが、本当に自分で自信の持てる答えが欲しければ、自分自身――そして潜在的な顧客――に問いかけるしかない。答えは環境に応じて変わるからだ。

5

第７章
本質を見出す
Finding the Essence

蒸し暑い六月の朝、自分がけたたましいバイクタクシーの後部座席に乗り、ベトナムのホーチミン市郊外で、住宅地に延びたボロボロのコンクリートの道路を通り抜けていると想像してみてほしい。ステータスシンボルでもあり、技術の普及の象徴でもあるテレビのアンテナが設置された屋根が次から次に並んでいるさまを眺めていたが、やがて路上のあるものに注意をひかれた。大したものではない。レンガの上に置かれた三～四リットルほどの半透明の液体が入った大きなボトル、そしてそのそばには手に長いプラスチック製の管を持った一〇歳足らずの子供がたたずみ、こちらが止まるかどうか、様子をうかがっている。運転手が車を寄せた。ガソリンスタンドに到着したのだ――ただのガソリンスタンドではない。ガソリンスタンドの本質そのものである。

普通のガソリンスタンドなら存在して当たり前だと思うようなものはきれいに取り去られて

いる。ガソリンを入れる燃料タンクよりも少し高い位置に置かれたガソリン入りの容器、容器から燃料タンクへガソリンを移すための管、代金を回収するための媒介人。原始的でありながら、純粋なガソリンスタンドだ――これ以上何かを取り去ったらガソリンスタンドとして機能しなくなるだろう。

この組み合わせに初めて出会ったとき（以来、インドネシアやタジキスタンなど開発途上国のいくつかで目にしてきた）、私は長いあいだ当然だと思っていた、ガソリンスタンドというものに対する思い込みを捨て去るほどの衝撃を受けた。アメリカ（あるいは中国、ドイツ、イギリスでもいい）の典型的なガソリンスタンドから、あらゆるものを削り落としてみる――そびえ立つブランドのロゴと一ガロン当たりの値段が縦三〇センチほどの大きさで表示されている看板、半ダースほどのポンプとその横に並ぶ車、枠状の天蓋、分厚い防犯ガラスの向こうに隠れた店員、監視カメラ、コーヒーやお菓子を販売しているコンビニ、汚いトイレ……。すると残るのはつまるところ、レンガの上のボトル、というわけだ。

自分が何を探し求めているのかをわかっているのなら、その最も純粋なかたちを目にすればひらめきが生まれることだろう。しかし、そもそも本質を見出すとはどういうことだろう？　自分が見ているものをどうやって確かめるのだろう？　いわゆる「レンガの上のボトル」を見つけたとき、あなたは何をするだろう？

私たちは自分の周りにある世界に慣れきっている。ものは身近になるにつれて風景に溶け込んでいき、かつて一つひとつの手順で頭を使わなければならない新しい習慣だったことは自動

的に済ませられることとなっていく。やがてものの仕組みが解りきったこととなり、私たちは不思議だと感じることがなくなる。実際にはそうではない――もしくはそれが解りきったものであるという根拠の由来が忘れ去られているだけなのに。

しかし、ものごとを最低限必要なものにまで削り落としていけば、サービスを根底から理解する、あるいは理解し直していくことができる。その本質を起点にして、先進国にしろ途上国にしろ異なる市場向けにサービスのバリエーションをデザインすることもできる。そうすることで表側では、現実の顧客に対して、現地の日常生活におけるそれぞれの市場の微妙な要求に訴えかけ、その裏では、核となる共通のプロセスやインフラを活用できるようになるだろう。

時が経つにつれて広がっていく商品やサービスについての可能性をロードマップにして考えるなら、現在という明確な一点から始まり、未来に向かって延々と広がっていく円錐として考えるのもひとつの方法だろう。いかなる常識にも邪魔されない、その素朴な起点の象徴として、レンガの上のボトル以上にふさわしいものがあるだろうか？　そのイメージを常に意識していれば、ありとあらゆるデザインの方向性を考えることが楽になる。

円錐形というのは理論上の選択肢の幅を示しているものに過ぎない。具体的なデザインを進めていくにつれて次から次へと選択肢を取り入れてしまえば、「なしくずしの機能追加主義」の罠に陥ってしまうことになる。機能を無節操に増やし、使いやすいどころか困惑してしまうような結果になるという悪癖だ。世に大きな影響を与えたドナルド・ノーマンの著書『誰のためのデザイン?』（新曜社、一九九〇年）において、なしくずしの機能追加主義は「すばやく

可能性の円錐

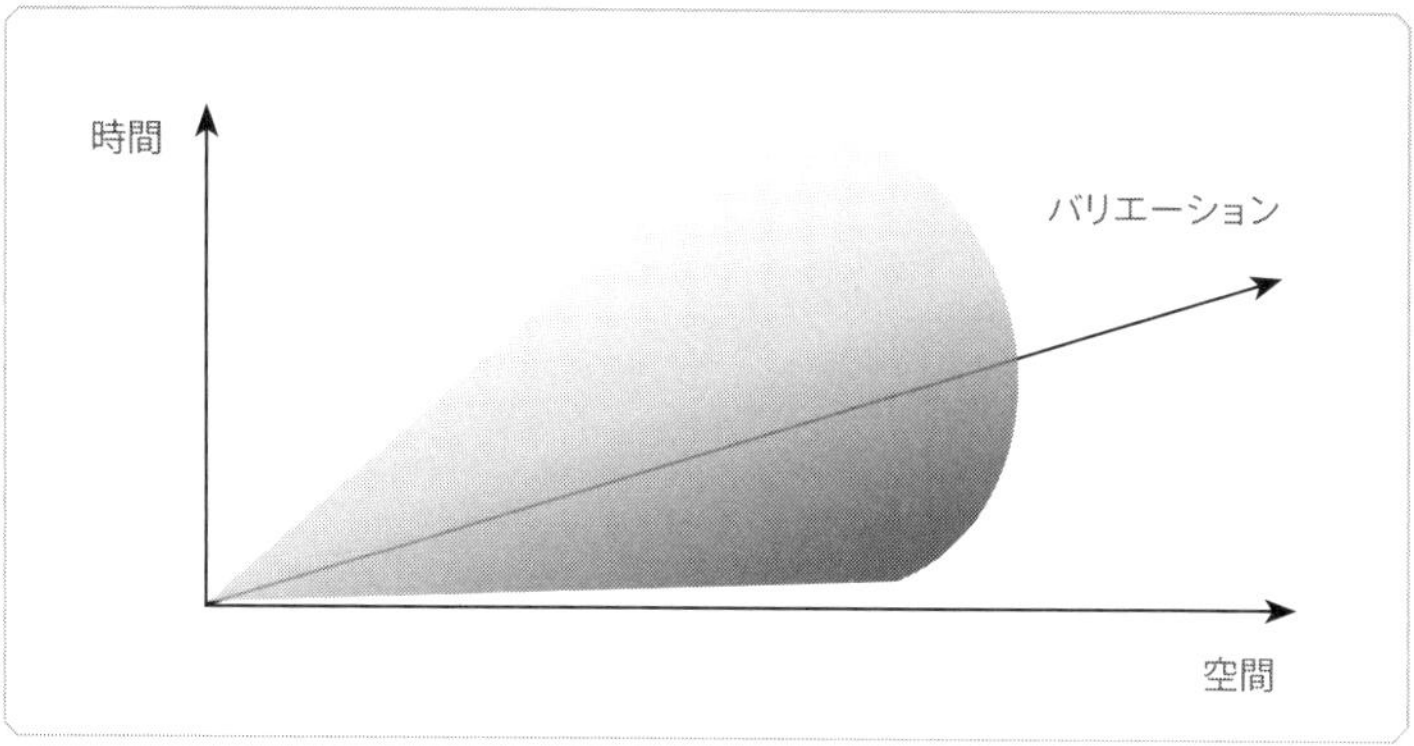

対処しなければ致命的になる病」であるとされており、組織化という薬を大量に服用することで治療できるが、「他の病気と同じで予防法を実践すること」が重要だという。[1]ロードアイランドスクールオブデザインの学長であるデザイナー、ジョン・マエダは「シンプリシティ（簡潔さ）＝健全さ」を信念として広めている。[2]彼の著書『シンプリシティの法則』（東洋経済新報社、二〇〇八年）の中で定められているデザイナーが守るべき十の法則のうち、最初の二つは削減と組織化であり、偶然だがノーマンが機能追加主義の治療薬として処方したものと同じである。こうした原則を守る一番いい方法は、できる限り必要最低限の本質だけを切り出すか、少なくともその本質が不必要な飾りでぼやけてしまわないようにすることなのは間違いない。

本質を見つけ出す方法はいくつかあるが、どれも精神的な骨組みの作り直しを含んでいるということができる。デザインの世界では、製品やサービスを「まっさらな目」で見る、ということがしばしば口にされる。

そうすることでものごとがどういうもので、それがどう変化しうるかという感覚をつかめるような新しい視点をプロジェクトにもたらそうとする。まっさらな目は新しいメンバーを仲間に加えることでも手に入るだろうが、自分が新しい方向に目をやり、これまで当たり前だと考えてきたことを再評価させられるような手段を使うことでも手に入れられる。

何年ものあいだ、私は資源が非常に乏しいコミュニティ（貧しいともいえるが、むろん食うにこと欠くようなものではない）から新しい着想を得てきた。たいていは開発途上国だが、より発展した国のすき間だったこともある。ブラジルのコブラソルのそれなりに裕福なコミュニティとモンゴルの首都ウランバートルからそれぞれ例を挙げてみよう。前者ではロンドンや東京、パリでも見かけるような写真撮影ブースがあったが、特筆すべきはたったひとつのもの──カメラ──が無かったことだ。カメラの無い撮影ブースというのは矛盾した言葉のように聞こえるかもしれないが、実際は現地で使えるものにうまく合わせられた仕組みになっている。このブースは身分証明書用の写真撮影のために設置されているのだが、それが置かれている写真屋はブースで撮れるパスポート用写真以外の目的にもカメラを貸し出しているのである。ウランバートルでは、大きな卓上電話（電池とSIMカードで駆動しているので、実際には固定電話ではないが）のある「移動電話ブース」を見かけた。利用客の横に卓上電話を持った店員が並ぶことで、利用客が電話線につながれていると同時に歩き回ることもできるという現代人の素晴らしい所作を生み出していた。卓上電話は当時（二〇〇五年）よく見かけられたものだったが、今なら当時の利用客のほとんどが携帯電話を所持していることだろう。このサービスに対するお客のもうひとつの要求は、電話をかけているあいだに暖かいところにいたいということであった——真冬のウランバートルはあまり長く外で立っているべき場所ではない（とはいえ、その近辺に行く機会があれば、金曜の夜に出かけるにはいい場所である）。

手がかりを探し、追い求めるのに路上はうってつけの場所である。調査プロジェクトの最中には、さまざまなテクニックを使ってそういった現場レベルでの活動を補なう。一番簡単なものは体系的な観察手法で、人々が何かを利用していることに対し、どうしてそのようにしているのかを聞いてみることだ。調査の大部分は人が最も「自分らしく」行動できるその人の自宅で時間を費やすことになる。もうひとつは何かの使い道についてのデータを追跡する方法がある。より本格的な調査では、調査対象に商品やサービスが存在する意義をその核となる部分まで（比喩として）削り落としていってもらう場合もある。参加者に何も書かれていないパネルと、一般的に搭載されている機能の二分の一から三分の一ぐらいしか搭載できなくなるような「予算」を与え、どの機能を取り入れるか選択してもらうのだ。その人にとって一番価値のある機能はどれで、その選んだ機能同士がどのように相互作用するかといったことを考えさせるので、調査チームが消費者の嗜好について単なる機能の重要度ランキングとは違った見識を得ることができる。ただし、調査のたびにリスクもある——たとえば、どうしてそれが他のものよりも好きなのかをはっきりと答えることが得意な人はそれなりにいるが、将来を見据えた必要性を説明するのには苦労する人が多いので偏りが生まれる——が、経験を積んだ調査チームであれば、そういったリスクを軽減し、正しい情報やひらめきをつかみ取ることができるだろう。

研究チームにさまざまな刺激を与えることで異なるところに目を向けさせ、サービスの可能性を捉え直す体系的な方法はオフィスに戻ってからでもたくさんある。それらは銀行業務の調査であれば顧客にとっての安全性、利便性、「良いサービス」とは何かを考えたり、システムの全体像を検討したり、異なるレンズを通せば見えてくるものが多い。あるものごとをどうしてそのやり方でやるのか、ということには直接現場で集められたデータから、性格（あるいは人格《ペルソナ》や原型か、特定の市場セグメントに属する実在の消費者）を通じて説明されることが多い。ガソリンを買う、電話をかける、果てはお茶を一杯いれるという行為でさえ、手順を一つひとつ整理して、そこから想像を膨らませることができる。（境界線マップも含めた）さまざまなものさしを使えば、発見を視点に変え、そこに調査チームにとって重要だと思われることを取り込んでいける。

調査チームとクライアントをひとつの部屋に集め、先入観を打ち砕くためにまったく関係なさそうなものを調査対象に結び付けるという、（エドワード・デ・ボノが提唱したような）水平思考のワークショップもよく行う。(3) たとえば商業銀行の事業を調査しているとして、突然中国のパンダのおもちゃを引き合いに出し、そこからその色、質感、文化的な意味、製品の質といった性質や、絶滅危惧種である、パンダの人工的な繁殖、世界自然保護基金（パンダをロゴに使っている）など、多少話が逸れるようなことまで書き出す。その中のことがらを商業銀行事業の要素として、どうにかパンダと結び付けられないか、思いついたことをどんどん出していく。パンダの象徴的な色合いから話を始めたとしても、話題が進むにつれて商業銀行における人工的な繁殖とはどういうことか、などと話が広がっていくかもしれない。

自分たちの思い込みから逃れることができないかぎり、ほとんどの人にとって創造的なアイデアをひらめくことは難しい。だが、こうした本質的な部分でのアイデア出しを行えば、ひらめきの基盤を作ることができる。こうした破壊と再構築の過程ではとんでもないアイデアや面白いアイデア、そしておそらく現実的でないアイデアが出てくることだろう。だが、ときには常識にも見えるような——まったく感知していなかったが、言われてみると「どうして今まで思いつかなかった？」と口に出してしまうようなもの——に至ることもある。そうした見識こそ、何よりもものごとの本質をつかんだアイデアであることが多い。パンダの着ぐるみが顧客と応対するのはいかにも思いつきそうなことだが、常識的ではない。しかし、大きなパンダのぬいぐるみを抱きしめる子供のごとく、自分のお金がいつでもどこでも安全だと確信できるような道具を顧客に提供する——となれば、パンダの発想から銀行業の本質に限りなく近づいたといえるだろう。自分が銀行業に求めるメンタルモデルとこの種のかわいさは摩擦を生じるかもしれないが、韓国や日本のような国ではまったくありふれたことである。

ガソリンのないガソリンスタンド

自分が地球に初めてやってきた異星人であるとして、イギリスでサッカーの試合を目にしたとしよう。それを仲間の異星人にどうやって説明すればいい？　これまで聞いたなかで非常にシンプルな回答は、芝の上で二三人ものヒトが豚の膀胱を追いかけ回している、というものだった。

このエクササイズの価値は、ものごとを抽象化しすぎるとどのような誤解を生む怖れがあるかを指摘するだけではなく、その抽象化したところからどのようなアイデアや前提が生まれてくるかを提示することにある。二二人のヒトが豚の膀胱を追いかけ回しているとして、目的はネットにそれを蹴り入れることかもしれないし、捕まえて壊すことかもしれない。もしかしたら耳をつんざく痛々しい笛の音をときおり響かせている、黒いユニフォームを着た奇妙ないでたちの二三人目の苦労人を怒らせることが目的なのかもしれない。庭園造りが宗教にまで引き上げられているような社会なら、もしかすると特殊な靴を履いた奴隷を使って聖なる草地に空気を吹き込み、そして枯らすことが目的であるかもしれない。

デザインの演習として、ものごとをその本質にまで削り落としていくという過程はそれ自体が素晴らしく意義のあることだ。完全に削りきったものが衝撃的なほど洗練されたものへと昇華され、市場で独自の価値を確立できることさえあるだろう。だが、本質の理解は、サービスや商品の中核にまったく別のものがあったらどうなるだろう、と再構築を考える際にいっそう活きてくる。

たとえば、ガソリンスタンドの本質が実はレンガの上のボトルではなく、現在は付随的なものとみなされている体験だとしたらどうだろう? 人々が車を止め、コンビニへ向かい、しばらく商品をみつくろったあと支払いのためにレジに並び、最後の瞬間になって衝動的に何かを買っている。異星人がガソリンスタンドを初めて観察しているときにそれを見たとしたら、衝動買いを引き起こすためにすべてが作られているという前提に立ったりはしないだろうか？

それがもし本当だったら、それを中心にガソリンスタンドを組み立てていくことはできないか、と考えてみてほしい。列の長さは顧客が並んでいるあいだ、手の届く場所に陳列された商品の誘惑に十分さらされるほど長く、かつ、顧客が苛立って並ぶのをやめるよりは短くなるよう綿密に調整することもできるだろう。ガソリンを買うごとにテレビや海外旅行の割引が受けられる——ガソリンはより高いものを買わせるためのエサに過ぎない——ということもあるかもしれない。

ガソリンスタンドの核となるものが出会いだとしたらどうだろう？　将来の伴侶となるかもしれない人同士のやり取りを促進し、お互い（とお互いの車）を品定めできるような視界の開けた給油場が設計されていることだろう。給油待ちの時間は話を始めるには十分だが、無駄話には時間が足りなくなるぐらいの長さにできているかもしれない。魅力的な店員がフロントガラスを洗ったり、オイルや潤滑剤をチェックしたり、タイヤに空気を入れたり菓子や飲み物を持ってきてくれたりするかもしれない。最後にお互いがもっと親密になれる場所へ自然と移動できるようにデザインされているかもしれない。チョコレートやダイヤモンドよろしく、ガソリンを贈ることが世界共通の愛の証となるようなことがどこかで起こりうるだろうか？

ガソリンスタンドが高級な食べ物をいつでも提供することを主軸に置いていたら？　街中で最高のトイレを目指すことが主軸なら？　あるいは今の設定からさらに大胆に変えて、ギャラリーやテーマパークだったとしたら？

このエクササイズの目的は一番ばかばかしいコンセプトを思いつくことでもなければ、ばかばかしいものを無視して今考えているものの本質に近いことだけに意識を集中することでもない。本質的でないものごとの側面によって、そこで誰かが経験することの位置づけが変わってしまうと理解を得ることだ。中核となる機能を利用しない人がどう考えるかという感覚もある程度理解することができる。ただトイレを探しているだけの人がガソリンスタンドの近くを通ったとしても、レンガの上のボトルでは何の役にも立たない。だが、もしガソリンスタンドに目に見えて変わった設計が施されていれば、何かを衝動買いする（もしくは出会いを求める）誘惑に駆られることがあるかもしれない。

もうひとつ、この演習には新しい技術や基準が広がっていくなかで、その本質とは何かを考え直すというねらいもある。二〇世紀初頭、ガソリンは車を買えるほど、そしてたいてい車の面倒を見る運転手を雇えるほどに裕福な人だけが購入する、薬局で販売されていたニッチ商品だったということを考えてみてほしい。中流階級のアメリカ人のなかで車の所有者が増えるにつれて、店員が給油やオイルチェック、タイヤの空気入れなど、機械メンテナンスの補助をしてくれる「フルサービス」のガソリンスタンドがあちこちにできた。この時代には「サービス」という言葉が文字通りに実際の業務を指しており、またガソリンスタンドの利用に不可欠の本質でもあったわけだ。テキサコやガルフといった大手チェーンは店員の親切な応対ぶりを売り物にしていたし、行きたい場所に行く助けとなる、というブランドの信念の一環として道路地図を無料で配布し、顧客を呼び込んでいたこともある。

それから車の信頼性が上がって修理も少なくて済むようになり、さらに新たな技術によって運転手自身が安全に給油し、機械で支払いを済ませられるようになった。本質がサービスから補給――車にとってのガソリンだけでなく、ドライバーにとってのお菓子や飲み物、タバコやトイレなど――に遷移したのである。

「サービス」と「補給所」、どちらのパラダイムもレンガの上のボトルよりはるかに多くのものを提供しているが、それぞれの状況の中ではどちらもガソリンスタンドの本質であった。その付加価値が以降のビジネスにおいて事実上なくてはならないものとなったからである。もちろん、ある場所では欠かせないといっても、それが全世界で通用するとは限らない。

たとえば、一九九八年、日本政府がガソリンスタンドのセルフサービスを認めるという規制緩和を行った際、多くの人がフルサービスからの切り替えを拒んだか、切り替えたとしてもかなりの不安がつきまとっていた。ロサンゼルス・タイムズ紙によると、セルフサービスの開始後まもなく、二児の母である日本人が他の客と一緒に店員から利用法を教わりつつ、「火事を起こしてしまわないか心配です」と語っていたという。規制緩和から一〇年が経っても、日本のセルフサービスのガソリンスタンドは一六パーセントにとどまり、日本自動車連盟のスタッフたちは間違った燃料を給油してしまったせいで動かなくなった車の修理要請を受け続けていた（ガソリン入れ間違えの問題は正しいタンクにしか入らないノズルの開発でほとんどなくなった）。[6]

アメリカの「補給所」的ガソリンスタンドについていえば、近年は苦境にあえぎ続けている

──全米コンビニエンスストア協会によれば、一九九一年以来、二〇万カ所存在したガソリンスタンドのうち、五万カ所以上が閉鎖している──ガソリン販売からの利益はあがらず、菓子類や飲み物の売上でようやくやっていけるありさまのようだ。なかでも、オーナーがおかしな経営戦略を採用したことで有名なガソリンスタンドがワシントンDCにある。ガソリンの値段をとてつもなく吊り上げており、ときには向かいのガソリンスタンドよりも一ガロン（約三リットル）あたり一ドル以上高いこともあるという。なぜだろう？　アメリカ石油販売者協会の会長ダン・ギリガンがワシントン・ポスト紙に語ったところによれば、その店主は「あまりガソリンを売りたがっていない」のだそうである。

それでも人が自動車を利用し続ける限り、どこかで燃料を補給する必要は出てくる。だが、時代が進んで多くの車がガソリンの代わりに（もしくはガソリンと一緒に）電気を使って走るようになってもなお、「補給所」は燃料・電力補給の中核であり続けるだろうか？　現状を見る限り、ほとんどの充電所のモデルは駐車スペースの脇に充電器が置いてあるだけという、補給所よりもレンガの上のボトルに近い形態であるようだ。電気の貯蔵には大きな地下タンクやポンプは必要ない（特に最小限にしつらえられた充電器は数平方メートル、電話ボックス程度の大きさでしかない）ので、大量の「電気スタンド」を特定の交差点だけでなく町中に分散させることが容易に可能である。二、三〇分かけて充電するよりも素早くバッテリーそのものを交換できる、集中化された電気スタンドも見られるようになるかもしれないが、こちらは大量のバッテリーを保管、充電できるインフラや倉庫が必要になるだろう。ハドソン川を擁するニューヨーク州ハイフォールズでは、廃墟化したガソリンスタンドを電気スタンドやヨガスタジオ、健康センターに作り替えるという再生プロジェクトが行われている。ガソリンスタンドが電話ボックスや、それほどではないにせよ、伝統的な中小銀行と同じ道をたどるようになるのはいつのことだろう？

街中で自動車に給電するという行為は、ただ車を停めて買い物をしたり夕食を食べたりするあいだについでで行われるものになっていきそうだ。だが、高速道路ではどうなるだろう？　公道の脇にある電気スタンドの本質とはいったい何になるだろう？　充電の待ち時間のあいだ顧客を退屈させないよう、ミニテーマパークやゲームセンターを組み入れることは必要になってくるだろうか？　可能性としてできることはほぼ無限にあるが、お客がそれなくしてやっていけないものを見出せれば勝機がある。

インフラ崩しの構築

この本を自らの意志で望んで読んでいるのであれば、あなたが最低ひとつ、おそらくそれ以上の銀行口座を持っていると推測できる。デビットカードやＡＴＭ、小切手帳に銀行アプリなど、口座を操作する方法も無数にあることだろう。しかし、このレベルのサービスに慣れてしまうと、その何がいいかということを考えるのに多くの時間を費やしたりはしなくなるし、ましてやそのサービスが提供する本質のこととなればなおさらだろう。銀行業務の本質とは、必要になるときまで安全な場所にお金を預けておける、またそのお金をどこにでも送ることができる、ということだ。自分の（あるいは家族の）お金を失くすのは命に関わりかねないが、その恐怖を感じているのは主にこういったサービスを利用できない人たちだ。

この問題はまさに金融や銀行分野からのクライアントが、銀行とは何か、何をするところかを考えるために知りたがるところだ。だが残念ながら、思い込みをリセットし、顧客が銀行にお金を預ける核となる動機に働きかける新たな何かを打ち立てよう、という感覚が欠けている。

先進国に住む多くの人々にとって、銀行業務は生活や文化にすっかり織り込まれてしまっているため、銀行を利用できないとはどういうことか、そして「銀行難民」の辛いところは何かといったことを掘り下げるのは難しいこともある。今ある銀行の利用手段を取り上げ、それなしで生活させるというずいぶん非道な手段をとらない限り、自分の勝手知ったる場所で調べるのは骨が折れるだろう。ありきたり以上のものを目にするためには、お金を引き出すという言葉が文字通りマットの下に隠された札束をひっぱり出すという意味の世界へ行ってみなければならないだろう。

銀行が利用できるかどうかについて、先進国と途上国の間には衝撃的な格差がある。世界全体では四九パーセントの家庭が銀行口座を持っているが、そこにはほぼ一〇〇パーセントの日本から一パーセント以下のコンゴ民主共和国やアフガニスタンまでの幅がある。銀行の利用は増加していても、数としては大幅な増加とはならない場合もある。たとえばブルンジ共和国（人口八〇〇万人）では二〇〇八年から二〇〇九年のあいだに国内のＡＴＭが倍増した――ただし、二台から四台に[11]（ＡＴＭはより格式高い銀行サービスの象徴として使われている）。対照的なカナダはＡＴＭ対人口比が最大を誇っており、ほぼ成人四五八人に一台のＡＴＭがある。だが、どこの国の人であれ、お金のこととなれば全員がまったく同じ単純な動機によって動いている。違いがあるとすれば、カナダのような場所でどうして銀行にお金を預けるのか、と聞けば「そういうものだろう？」という答えが返ってくる一方、口座を持っていないブルンジ人にどうしてお金をコートに縫い込むのかと聞けば、皮肉なことに「必要になるときまで安全に持っておきたいから」という銀行業の本質を突いた答えが返ってくる可能性が高いだろう。

四〇年前のイギリス人かアメリカ人に、典型的な銀行とはどういうものかと聞けば、大理石の床に一〇メートル弱の高い天井、ベルベットのロープで仕切られた人の列、窓口の向こうの銀行員と大きな金庫があり、そして金庫の開閉を司っているピンストライプのスーツを着た大柄な紳士が立っている、といった答えを聞くことができただろう。現代の建物はもっと控え目になっているが、利用客にとって銀行とは、そうした支店よりもＡＴＭやオンラインサービス、そしてだんだんとモバイルアプリのことを指すようになってきている。しかし、そのどれも本質ではない。今までも、そして今でも、銀行の本質は安全性と出し入れの利便性だ。インフラのすべては外殻でしかなく、他の分野で見てきた、新技術の広まりと廃りの例と同じ道をたどる。すなわち、私たちはみなヤドカリであり、どこで生き、何をしていようと、自分の必要を今より満たせる新しい殻が見つかれば、必ずそこへ移り住んでゆく。

第四章で学んだとおり、安全かつ出し入れできるということは人によって異なる意味合いを持つ。直接触れられることだけが存在を証明できるという価値観の人には、金庫にせよマットの下にせよ、常に安全なお金の入れものが必要となる。0と1で構成されたデジタル世界を信仰している人にとっては、コンピューター画面に自分名義で二万ドルがあると表示されているだけで、自分一人で二万ドルを独占しているという気分になる。安全で便利、という核となる本質を忠実に内包できる殻でさえあれば、銀行はあらゆる外殻で自分のまわりを包むことができる。

そもそも殻――少なくとも物理的な――でさえない場合もある。ケニアのM-Pesaのようなモバイル送金サービスを例にとれば、従来の銀行の物理的なインフラではなくモバイル機器のネットワークと人間のネットワークに依存しきったシステムであるといえるだろう。M-Pesaを使えば、序章で紹介したウガンダの例のように、プリペイドカードを購入してお金を「転送」するのと似たような手順でM-Pesaの代理人から携帯電話を通じてお金を受け取ったり預けたりできる。Simpleというインターネットのサービスでは、カード一枚で携帯電話を通じた振り込みからATMによる引き出し、送金、請求書の支払いまでをこなすことができる。サイトに掲げられている通り「Simpleは銀行ではないが、銀行にとって替わる」のである。店舗もなければ金庫もないし、銀行員も客の列もないが、連邦預金保険公社によって保障されている。Simpleの利用待ちリストには、稼働開始前から将来の顧客の名前が十万人以上連なっていた。[13] その成功の理由は人々がお金について求めている本質を汲み取り、現代で利用されている技術によって一からシステムを作り、明瞭な利用料を定めたこと

にある。

銀行の基盤となるものを、安全と出し入れという本質まで削り落とすことは大きな可能性の円錐となり、将来の姿の浮き沈みやトレードオフを考える思考実験の格好の場となる。もし銀行業務（あるいはその一部）がどのようなネットワーク上の接点からでも行えるとしたら？　ＡＴＭや現金支払いのレジを利用する代わりに電車の切符販売機から銀行口座を利用できるとしたら？　東京でカードの残高が表示されるように、町中の自動販売機で銀行の取引明細を確認できるとしたら？　ＰＯＳ端末が領収書だけでなく、望んだデータを印刷できるように機能したら？――ふたたび東京の交通機関の例になるが、乗車カードに入金できる券売機ではカードを利用した日時や場所を出力できる。あるいはすべてのＰＯＳ端末がＡＴＭだったら？　そして携帯電話こそが買いものをする場所だったら？　列に並んでいる（今まで会ったこともない）次の人に支払いを始めさせるにはどうしたらいいだろうか？

可能性の円錐とチャンスの円錐

実際に商品やサービスの本質を見出し、新しい可能性を現実に打ち立てるとなると当然、新規参入者のほうが優位に立つ。結局のところ、近所のガソリンスタンドがポンプやタンク、コンビニをすべて叩き壊して広大なレンガの上の巨大なボトルに置き換えるなどと、まともに期待する人はいない（面白そうではあるかもしれないが）。すでに存在しているインフラに投資してしまった埋没費用は可能性の円錐の幅を大きく狭めるが、特に顧客のほうが企業よりも先に次の殻へと引っ越す準備を始めているような場合、機会の円錐もまた狭められてしまうだろう。

新規参入する側にはもうひとつ、特に今日の最新技術の向こうに理想郷を見出しているような技術楽観主義の人々の想像力をくすぐる力もある。現行の政府に思想の自由を侵害されない（もしくは財布を握られない）公海上にまったく新しい自治都市を設立しようという「海上都市計画」を目論んでいるリバタリアンのように、夢見る人はいつでも尽きない。[14]

とはいえ、ものごとの本質を可能な限り純粋な極限まで突きつめて新しいビジネスを始めようとしたが、削りすぎてねらい通りにいかなかった、という教訓話も山ほどある。たとえばタタ・ナノは世界中で圧倒的最安値で販売できる車を開発し、車を所有するということの意味を変革しようとした。タタ・ナノが失敗した理由は、四つのタイヤとエンジンを使えるということだけが車を所有することの本質だと勘違いしたことだ。車を所有するということはステータスシンボルとして捉えられることもある――タタ・ナノの場合、世界で最も安い車の所有者に見られる、という不名誉なレッテルが貼られてしまったのである。

そしてもう一方、すでにビジネスをしている企業は新規参入者と比べて可能性の幅でこそ劣っているものの、経験という決して侮ってはならない優位性を持っている。過去の成功が将来の成功を示すようなことはないが、それでも付加されている機能や小道具、娯楽要素の積み重なった層の奥に隠れた本質について、正当な理解ができているという指標であることは多い。レンガの上のボトルより、はるかに多くのものがあるガソリンスタンドでも、何も悪いところはないのである。ただ、そうした付加的な層の価値を理解するために、それを一つひとつ取り除いて、無くなったものが恋しくなるか、それともただの無駄なお荷物だったかを想像してみることは大いに価値があるというだけだ。

シンプリシティ、すなわち簡潔であることが健全さの縁者であるというなら、ものごとの本質を見出すということは大規模な洗脳ではなく、むしろ真実に目を向けるということである。

第8章
大いなるトレードオフ
The Great Tradeoff

毎日何千万という人々が直面していながら、この問題は世界で最も軽く見られているのではないだろうか。正しい選択をすれば、望んでいた安らぎが得られる。選択を間違えれば、恥ずかしい思いと不愉快さを軽く味わい、そしておそらく異性から非難される。しかし、これに関して世界のほぼ誰もが正しい選択を常にできる。ということは、人々が世界の仕組みを理解し、視覚、聴覚、触覚、嗅覚への刺激を手がかりとして変換し、重大な決断を下すことができるという能力の証明でもある――すなわち、男性用のトイレに入るか、女性用のトイレに入るかという問題だ。

ものの使い心地をデザインする、と聞いて公衆トイレをすぐに思い浮かべる人はそういないだろうが、実際トイレはデザイナーやイノベーターが腕をふるい、人々の生活を安らかで快適なもの、あるいは（しばしば意図せずに）じれったく恥ずかしいものへと変えるためにつぎ込んだ力を体現する貴重な例である。

公衆トイレは世界中で年齢、性別、民族、収入や教育のレベル、文字が読めるかどうかを問わず、多くの層の人々にとって何ものにも代えがたいサービスを提供している。人によっては最後の拠りどころであるし、また別の人にとっては草地を見つけて用を足す以外に選べる唯一の手段のこともある。誰もがいつかは行く必要に迫られるし、そのときが来たらとにかく行くしかない。そして行くしかなくなったとき、安らぎと侮蔑の扉を隔てるものは女性用と男性用を見分けるための標識ほどに薄っぺらいものなのだ。

一日の終わりにインドのバンガロールで百年続いているシティ・マーケットのトイレの前に立てば、感覚器官がさいなまれるのを感じることだろう。夏の強烈な暑さで自然と腐敗していく果物や花の匂いに混じって、何百人もの尿から集積された刺激臭が建物のひとつの方向から放出されてくる（男性は小便をするときにトイレの容器や穴の外側にかけてしまうことが女性よりも多いので、匂いが残る）。その場に一度も行ったことがなくとも、建物から漂ってくる匂いからそれが公衆トイレであると考えるには十分だろう。そして予想通り、二つのドアの入口には中に何があるかを考える手がかりが他にもある。ドアの右側にはそれぞれ英語でｇｅｎｔｓ（男性）、ｌａｄｉｅｓ（女性）と書かれた表示、そして左側には同じことが

पुरुष　महिलाओं

とヒンディー語で書かれている。それから髭を生やした細身で青いシャツの男性とサリーを身に着けた女性の絵が大きく文字の横に描かれている。他にも自分が人生のなかでこれまで見てきた別のどこかの公衆トイレの経験に頼ってもいいし、片方には男性が、もう片方には女性が出入りしているという観察結果に頼ってもいい。それぞれがお互いを補強している、手がかりの豊富な環境だといっていいだろう。[1] しかし、いつも判断材料にしている手がかりがない状況に置かれたこともあるはずだ。

数年前、私はテヘランから数時間ほどの距離にあるトラックの休憩所にいた。運転手が最後には水分より砂糖が多くなるようなお茶を注文して建物の前に座っているかたわら、私はその裏でトイレを探していた――というより、どちらの入口が自分の使うべきものかを考えていた。片方には آقایان もう一方には خانم ها と書かれているだけで、色や図による説明はなかったのである。どちらからも漂ってくるのはかすかな消毒の匂いだけ、首を突っ込んでみても――同じような洗面器、花瓶に活けられた花、個室の青いドアだけ――手がかりは得られなかった。男性ならたいていは小便器を見て確信を得られるわけだが、それもなかった。イラン政府がトイレはかがんでするようにと定めていたからだ。尿が飛び散って匂いが残ることが減るという副次的な利点こそあるが、手がかりとしては使えない。結局頭の中でコインを投げて決意を固め、片方の入口を選んだ。だが、その後トイレから出てきたとき、私は反対側の入口からがっしりした紳士が出てくるのを目にすることとなった。

五分五分の賭けを外してしまった私だが、もしドアに男性的な図と女性的な図（女性をどう表すかという文化的な規範を考えれば、男性的な図だけでもいい）が描かれてさえいれば、私はいとも簡単に正解を選べたはずだ。だが、デザインの課題としてトイレの入口はむしろ簡単な方で、世にある商品やサービスのほとんどは二つのうちどちらかの入口を選ぶ以上のはるかに複雑な手順が必要となる。オンラインショッピングや飛行機の予約、写真の印刷、洗濯機の設定を繊細な生地の服に合わせるといった行為にどれだけの手順が必要か、そしてそれらにおける判断が周囲の状況よりもむしろ、その過程そのものに組み込まれた手がかりをもとに行われているということを考えてみるといいだろう。

どのような層の顧客が何を使い、消費したがり、やり取りを行うか、そしてその製品やサービスを利用することに顧客が何を求める（そして求めていない）か、といったことの予想には多くの人の莫大な労力が割かれている。たしかに、携帯電話やノートパソコンを事実上壊れようがないものにすることはできる。しかしそのために使った材料のせいで値段が高くなるのであれば――競合製品と比べて高くなるならなおさら――消費者は値段と耐久性のトレードオフを迫られることになる。そして消費者にとってのトレードオフは、それを設計する人や作る人、マーケティングをする人にとってのトレードオフにもなる。製品がすぐに使われなくなるようなもの、もしくは消費者が何回か使ったあとに捨てることを考えているのなら、耐用性重視の設計は最適ではないだろう。とてつもなく頑丈な製品づくりにあてられる費用で画面の軽量化や解像度の改善をしたり、もしくは値段を下げるためにそもそも費用をかけず、多くの消費者に手が届く価格帯に落としたりすることもできるはずだ。

携帯電話ひとつとっても何千万台、さもなくば何億台と売れることがあるこの世界――たとえばｉＰｈｏｎｅは二〇一一年だけで七二〇〇万台以上売り上げた[2]――で、全員がそれなりに使える製品を作るべきか、一部の人にとってかなり使える製品を作るべきか、それともごく一握りの人に限って完璧に使える製品を作るべきか、どのように判断しろというのだろう？　そして他者に犠牲を払わせて一部の人の要求に合ったものを作るという倫理的な副作用と、どう向き合っていけばいいだろう？

たとえばこれはどうだろう。携帯電話メーカーは文字を読めない人に使いやすいよう最適化された携帯電話を開発するべきか、否か？　仮想の問いかけなので「するべきか」、「最適化」といった部分がいささか強調されてはいるが、実は二〇〇五年に私がノキア社から調査を任されたことである。背景には非識字者という、前提からして携帯電話を使えるはずのない層のあいだで携帯電話の購入が増えているという、奇妙な状況があった（ＵＮＥＳＣＯが一九五八年に定義したリテラシーのもともとの定義は「日常使われる簡単な文章の読み書きが可能で、その知識を文書上の環境で機能させられること」であった）。[3]

当時ノキアは毎年二億五〇〇〇万台ほどの携帯電話を販売しており、そのうち三台に一台は本拠地ヨーロッパ圏の外で購入されていた。[4]どれも英数字で読み書きができる人に向けて設計されたインターフェースであったにも関わらず、読み書きのできない人にも多く使われ、そういう人々にとっての使い勝手は最適といえないものになっていた。そうした人に買われていたものの多くは簡素で四角ばった、白黒スクリーンのノキア３１００などの象徴的なモデルであった。業界のあいだでは先進国のユーザーがカラーのスクリーンやそのほかの装飾的機能がついた製品に移行しており、こうしたモデルはやがて死滅するだろうと何年もまえからささやかれていたが、いぜんとして（携帯通信業務などと並ぶ）ノキア社の成長の原動力であり、開発途上国における広い層の人々――富裕層だけでなく、パン（または米）の配給を受けているような貧困層までも――に受け入れられる価格帯で提供されていた。

ノキア社が初心者向け携帯電話の市場を独占していたのは、市場に合った製品を売り出していたからでもあるが、初期の段階から販売網の拡大に多くの費用を投じていたことも理由のひとつであり、特に人口の七〇パーセントが首都圏の外で暮らしているインドのような国では重大な差を生む結果となった。インドのほとんどどこの村に行っても、米や豆の袋が置かれた交換所の棚の上で販売されているノキア社の携帯電話を見かけることができるだろう。つまるところ、ノキア社の携帯電話が成功した理由は当初の予想を超えた場所や方法で利用され、その過程で経済ピラミッドの最下層（ＢＯＰ）――多くのテクノロジー企業にとっては未開拓の領域――にいる消費者にまで売れたということにある。ＢＯＰ層は当然、非識字率が最も高い。だが（少なくとも私とノキア社にとっては）驚いたことに、文字が読めないからといって携帯電話を購入しない、使わないということにはならなかったのだ。

最適でないものが最適となるとき

リテラシーの問題は不思議な魅力のある難問だ。人や組織によっては根絶の必要がある病気のように考えられてもいるが、人間の生涯にわたる成長過程として、私たちはみな文字を知らずに生まれてくるし、変わらずそうであり続けるだろう。それでも非識字者という概念や、文字が読める人か読めない人かといったことは人間同士の関係や日常で使うものの差に大きく、根本的な影響を与える。

さまざまな定義はあるが、リテラシーがあるということは最も一般的な定義において文書に関わる能力がある、すなわち読み書きができるということである。他のさまざまな能力と同様、完全に読み書きができない状態から高度な読み書きができるまでの幅があり、識字能力があることのおもな利点は市場の看板を読む、携帯電話の表示を読むなど、文書上でその知識を活かせることだ。だが、そこからさらに一歩ひいてリテラシーを定義するなら、シンボルやシンボル的な誘因物から意味を引き出す（結局のところ、文字や言葉はシンボルでしかない）ことともいえる。文書的リテラシーと数理的リテラシーは情報中心の社会で仕事をするうえで極端なまでに価値のある能力であり、学校教育などの中心を占めている。一方で、人はものの外見から意味を見出す視覚的リテラシー、人やもののふるまいから意味を見出す観察的リテラシー、触覚から意味を見出す触感的リテラシー、音の響きから意味を見出す聴覚的リテラシーなど、体系立てられていない学習や人生経験から異なる能力を得ることもある。ある環境の中で私たちがうまく判断できるかどうかは、そうした能力をどれほどうまく組み合わせて利用できるかにかかっている。(5)

どんな人でも誰かが知っている知識の少なくともいくつかは知らず、その知識の欠如の一つひとつについて、誰かの助けなしにはできないことが存在するという点で、間違いなく、人は誰しもなにがしかのリテラシーが欠けているといえるだろう。すべてを知っている人間がいるなどと誰も考えはしない。誰でも何かにおいてはリテラシーがないといえるのだ。

リテラシーのあるべき人物がときおりリテラシーを失くしたかのようなふるまいをすることもある。もの忘れをしたとき、注意がそれているとき、疲れているときなどさまざまな要因によって、何かのリテラシーが必要になってくる行動をとれるだけの精神的な能力がなくなることもある。その意味で、携帯電話を利用しながら路上を歩く人は視野が限られていることになる。画面を見ているにしろ車や人の流れを見ているにしろ、どちらかひとつは見えなくなっているのだ。同じように、私たちはみな、ある時点で視覚や聴覚、感覚神経を失くしており、等しくリテラシーが欠如している。こと異文化理解において私たちのリテラシーが欠けてしまうのは、まず言語の壁というものが明白に立ちはだかっていることのほかに、文化的な習慣の違いも関わってくるからだ。

人々はリテラシーの欠如という障害を、実際に学習する以外のさまざまな手段で乗り越える。その方法のひとつは近くにあるリテラシーの利用――つまり自分よりリテラシーのある人に助けてもらうことだ。それを他人に依存していると考える人は多いだろうが、視点を変えてみれば友人や親戚、たまたま居合わせた親切な人に問題を任せるということでもある。つまり、最も貧しい層の人々が使う問題の解決方法と、最も裕福な層の人々が使う解決方法はどちらも同じ、委任形式というわけである。

　農村で暮らす読み書きのできない人物が都会に住む親戚にメールを送るさまを想像してみてほしい。持参金を送る方法と結婚式の日取りを伝えなければならないが、仮に彼が新しいメールを作って送る方法（つまり携帯電話の使い方）を丸暗記してまで学習するほど努力したとしても、文字を組み合わせて単語を（メールの場合は略語も）作る能力が必要になるので文書の編集には苦労するし、受け手に正しい文法で通じるかどうかもわからない。仮に送ったとしても、メールが届いたか、意味が通じたかどうかははっきりと知ることができない。そうした状況なら、他人に頼るのも理解できるだろう。彼自身は文字が読めないが、知り合いのなかには文字が読めて頼れる人が最低でも二、三人いることは知っている。必要なときすぐに会えるとは限らないので、もしかしたらメールを送るのに数時間か数日はかかるかもしれない。文字を代わりに打つ人は中身を知ることになるので、もしかしたら入力ができて、かつ秘密の情報を「小耳にはさまれ」てもいい、信頼のおける人物を探すのにはもっと時間がかかるかもしれない。識字率の低いコミュニティではこうした助けの需要が大きく、また他人にメールを書いてもらうということが社会的にも比較的容認されやすい傾向にある。

　ともあれ、非識字と携帯電話に関するノキアでの調査は思いのほか長引いた。特に代理でのメール入力に関する調査の結果、非識字者に向けた携帯電話を作るなら、他人に頼るという広い意味での能力も考慮に入れて考えなおさなければならない、ということだった。端的に言うなら、結局携帯電話の利用者が自分一人で、または他人の力を借りて何ができるのか、そして自分のやりたいことを達成するためにどの手段を使うか、それをどんな理由で決めたのか、ということだ。もし電話を受けたいだけであれば、覚えることは充電と通話料金のチャージの仕方だけが「全部」（しかも後者はほとんどの場合業者がやってくれる）で、あとはせいぜい電話が鳴ったときに通話ボタンを押すことぐらいだ。もし電話をかけることが目的であれば、電話のメニューの扱い方の基礎を覚えなければならなくなるのは明白だし、間違えたときのやり直し方、数字の読み方と入力の仕方（たいてい紙のアドレス帳に書いてある数字とボタンの数字を合わせていく）も必要になるだろう。

他にも調査中に驚いたことといえば、消費者のなかにはたとえばヒンディー語など、特定の言語なら理解できるのに、その言葉が使えないインターフェースの携帯電話を（使える言葉のある競合製品が市場に流通しているにも関わらず）購入している人がいたことだ。それにどういう意味があったのか知りたいなら、使用されている言語は理解できなくても高付加価値の羨ましがられるような携帯電話や車を買うか、代わりに言葉は理解できるがあまり魅力的でないものを買うか考えてみるといい。環境によっては使いやすいものを選べばいいこともあるが、また別の環境によっては特権的なステータスシンボルを持っていることによって社会関係上の利益になる場合もあるのである。

結局、そのときの調査の結論は、文字の読めない人々という消費者層だけに向けて最適化されたまったく新しい製品を開発するよりも、既存の製品のインターフェースに、ちょっとしたことではあるが重要な微調整をいくつか加えておくに留めたほうがいい、ということだった。当初私たちが文字の読めない人たちにとって圧倒的な障害になるだろうと考えていたことは、付き合いのある人やたまたま通りがかった人に助けてもらうことで現実的に乗り越えることができるものだった。彼らの特殊な事情に最適化された製品を使うよりも、今ある携帯電話を誰かに助けてもらいながら利用できるほうが重要なことだったのである。

文字の読めない消費者に向けた携帯電話の開発が妥当ではない、とそのとき判断された理由は他にもたくさんあった。「立場の弱い」人に向けて設計された機器として見られることによる社会的なレッテルは購入を思いとどまる理由になりかねないし、文字の読めない人自身も他人と同じように扱われたいので、他人と同じものを使いたがっていた（「立場の弱い」消費者に向けられた製品の好例といえば、日本の携帯電話業者ドコモが高齢者に向けて設計したラクラクホンシリーズが挙げられる。かなり簡素化されたインターフェースに大きなボタン、大きな文字表示や、電話帳は紙のものを使わせるといった初代の売上は芳しくなかったが、機能的には高齢者を意識した使いやすさを保ちつつ、見た目上のデザインが他の携帯電話と同じように変更されて以来、売上トップクラスの機種として名を連ねるようになった）。さらに言うなら、新製品のデザインやテストや流通経路の確保、セールスやマーケティングの関係者の教育などにかかるコストと、現状ですでに携帯電話を購入しているせいぜい数億人の市場で期待できる販売台数を考えれば、値段がとうてい手の出せないものになってしまう怖れもあった。助けが必要だと私たちが当初考えていた層に最適化された製品を出しても、大した変化を生むことはできないと考えられたのである。

そうした製品が人々の人生を変える、と信じていた純粋な人や夢想家にとっては納得のいかないことだったようだが、現実を見れば名目上最適ではない商品で十分だったのである。仮に文字の読めない人にとって最高に使いやすい商品を開発することができたとしても、高い値札、社会的に低く見られてしまうこと、そして結局新しいものの使い方を覚えなければならないという決して無視できない不便さといったリスクなどを総合的に考えれば、既存の製品はそれより良い商品であるとさえいえるかもしれない。

しかし、今同じ疑問を追うことになったなら、私の答えが変わることもあるだろう。文字の読めない消費者層もすでに三台、四台、五台と携帯電話を買い替え、新しいインターフェースの使い方を覚えるのには慣れてきている。早く確実に連絡が取れるようになり、使い方を一貫して学習できるようにもなった。携帯電話の値段も今ではかなり安くなり[6]、華為《ファーウェイ》やノキアといったメーカーは新興国にいる低収入の消費者層に向けてタッチスクリーン式の携帯電話を販売してさえもいる[7]。タッチスクリーンは文字を入力したりメニューを選択したりするよりも直感的に操作が行えるので、文字の読めない人でも複雑なことがしやすい。音声認識も劇的に進歩し、文字に頼らないインターフェースでより多くの複雑な言語入力ができるようになってきた。機械と会話ができる領域のすぐ近くまで来たといってもいいだろう。

振り返ってみれば、この調査は消費者やその生活について私たちに深く根付いていた思い込みという落とし穴だけでなく、タイミングの重要性に気づかされるという意味でも貴重な事例となった。当時、組織的な見解は（小さな町ほどの大きさに広がっている組織を代弁できる人がいるなら）、文字の読めない消費者なら彼ら向けに設計された商品を買いたがるだろう、ということだった。調査以前には携帯電話がいまだぜいたく品と考えられていた時代もあり、BOP層にいる人々にそんなものを押しつけようとするのは愚かだ、貧しい人には携帯電話なんて買えないし、買っても使い道がない――と考えられてもいた。しかし、何億という低収入の消費者たちによって、それは勘違いだと証明されたのだった。

携帯電話の黎明期には、BOP層の人々に対してあまり関心が向けられていなかったのは倫理にもとることではないか、という考えもあった。文字の読めない人たちが携帯電話を欲しがっているか、あるいは必要であるかを考えもせずに、彼らに向けた携帯電話を作ることもまた倫理にもとることかもしれない？　どちらの問いにも私はノーと答えるところだが、現実として確かなことは、相手にとっていちばんいいことをしようと考えているなら、自分たちが相手の問題の解決法を知っていると考えるよりも、相手がどのように問題を解決しているかを理解することがいちばんである、ということだ。

「最適な」デザインが施された商品といえば聞こえはいい。だがいったい誰の、どのような目的に最適なのか？　最適とは速さのことも、安さのことも、軽さのことも、質のことも、さまざまな環境に耐えうる頑丈さのこともある。最適なものという概念がひとつ以上存在するとき、どのように落差の調和をはかればいいだろうか？　そして、誰がその決定権を握っているだろうか？

私たちはみなナントカ中心主義に縛られている。民族中心主義、自己中心主義、あるいはかえって中心から外れ、少し変わった人でいたいと考えることもあるかもしれない。新しい環境やそこで暮らす人々を理解しようと努力すればするほど、そしてそれを大企業の中にいて行う場合には特に、的外れな理解をしてしまいやすい。先進国から見て最適ではないように見えることも、途上国ではそれで最適なことがある。特にギリギリの生活をしているような人々の多くにとっては、値段こそ最適化の究極の指標だ。ある人にとっては面倒なことに見えても、別の人にとっては利用料を節約するための賢い（ときには必須の）方法のこともある。電話をかけて相手が出るまえに切るという連絡手段でメールの利用料を省くことなどがこの類だろう。

デザイナーとは生来の問題解決屋であり、そのうえ「解決モード」の思考に縛られている。人のために良いものを作ろうとする意識には利他的な精神が働いている場合もあるが、すでに存在している解決法、特にコミュニティの中で生まれていたものを軽視すれば、それがかえって傲慢な印象を与えてしまうことにもなる。

地元のやり方に合わせることがいちばんのようにも思えるが、いつもそうできるとは限らない。特に車や携帯電話のように複雑なサプライチェーンを必要とする商品について、世界中それぞれの場所で設計、生産することはできないだろう。しかし、グローバルに展開している企業でさえ、自分たちが商品を販売している「現地」がそこで暮らす人にとって実際にどのような意味を持っているのかを理解しなければならない。理解をしていなければ、結果は非常に痛切なものとなるだろう。人道主義的な見地に立つ人がしばしば考えることとは反対に、無知によって多くのものを失うのは途上国の人々ではなく、企業のほうなのだ。

RAMIN

未来にとって本当に良いデザインとは

スターバックスのほうが安いせいで近所にあったお気に入りの喫茶店が消えた、アジアの通貨危機によってインドネシアで暴動が巻き起こった、アップルがアダルトコンテンツを自社のプラットフォームから締め出して自社の企業理念を押しつけている、[8]自然豊かで人里離れた山奥にコーラやペプシのロゴがペイントされている、[9]などなど、グローバル化に怒りを抱くようなことを見つけるのに、たいして手間はかからない。

人によっては利益至上主義の害うんぬんという論争を仕掛けたがるかもしれない。ネスレが粉ミルクを積極的に販売すると母乳の分泌が妨げられる、フェイスブックやグーグルが新しいサービスによって個人情報をどんどん金に換えるためにプライバシー規約を際限なく変更し続けている、モンサントが殺菌種子を開発して農家が毎年種を買わざるを得なくなるように強制している、[10]中国にあるフォックスコンの工場は労働者を酷使し高い自殺率を記録している、[11]エリクソンがイランなどの国に監視機器を不当に販売して利益を上げている、[12]ユニリーバのフェア&ラブリー美白クリームの宣伝が人種差別を煽っている、[13]といった具合だ。確かに、政府や企業、団体、代理店などには監視の目を光らせ、責任を問わなければならないだろうし、特に特定の組織だけが大きく力を持っているような市場の多くでは直接介入して動きを阻止しなければならない場合もあるだろう。

しかし、消費者であり、雇用者であり、被雇用者でもある私・あなた・私たち・彼らは、生産する商品や消費する商品についても、望んでいる生活スタイルや、購入した商品をどう使うかという判断についても、常に一種の共犯関係にある。プライバシーの保護を望んでいながら、シャッターチャンスがあればそうした個人の倫理観をなおざりにしてしまう。無料のＥメールを当然のように使い、グーグルがアルゴリズムによってＥメールを解析して広告を相手に合わせようとすれば（一時的に）抗議運動を起こす。[14] 山奥でのんびりしているときに携帯電話が鳴れば汚い言葉を口にするのに、連絡手段を絶つことは考えるだけで怖じけづく。地球温暖化を糾弾した舌の根も乾かぬうちにジェット機に乗り、よりにもよって環境に優しく持続可能な生活を推奨する会議に出席する。新しく買う家電の値段にはうるさいのに、環境にいい捨て方をするために余分なお金がかかると言われれば喜んでその分を支払う。あるいはビジネスのために世界を半周しているというのに、そのビジネスを成り立たせる収入の根源を突き止めようともせず、その出張中に仕事の協力者や愛する人とコミュニケーションをとったり、現場を移動したり滞在したりするために必要な世界的ネットワークの中にいるさまざまな主体について考えようとしないこともあるだろう。

私はこれまで会社の会議から中学校まで、世界中を巡って人々と言葉を交わし、また講義をすることに多くの時間を割いてきた。知識や知恵を分かち合う機会には常に感謝をしているが、ときには私の仕事や先進国にある企業が開発途上国へ進出することそのものが災いの素なのではないかという批判に直面することもあった。こうした疑問は熱意から来ることが典型的であるが、高収入の消費者や資源の制約が多い（いわゆる貧乏な）消費者のコミュニティに関する勘違いから来ることもある。たいていは悪意のない誤解であるものの、人々をありのままに見ることができず、自分の見たいように見てしまっている結果である。羅列すれば以下のようなものだ。

- 収入の非常に限られた消費者は合理的、あるいは自分にとって「正しい」選択をする能力がなく、彼らをだまそうとする企業から守ってやる必要がある。
- 消費者は合理的な選択をする義務がある（この場合「合理的」というのは、この議論を持ちかけた人物によれば現在の社会経済的状況に直接恩恵があるということである。たとえば病気の子供に薬を買うのはいいが、その子にテレビを買うのは間違っているという）。
- 消費者が「非合理的」な選択をするのはすべて商品を売っている企業のせいである。
- 収入のきわめて少ない人々が住む国をターゲットにする企業は本質的に悪である。

こうした議論に直面した場合、私は収入が非常に少ない消費者こそ——何はともあれ必要上——世界の中でも厳しい目を持つ消費者である、と応じている。買うものの一つひとつ、何かを買って失うことになる機会費用、買ったものから回収する必要のある社会的な財産、あるいは被ることになる社会的な負債などをいちいち考えなくてすむというぜいたくができるのは、全世界の数パーセントに過ぎない。収入のごく少ない消費者は裕福な人々よりも合理的な選択を常に強いられる。日々の意思決定がお金を慎重に使い、また無駄づかいしないことを中心に動いているからだ。それでいて裕福な人々と同様、限られた収入や信用を活用する独創的な手段を表裏問わず持っている。

こうした取捨選択については大きな反響を呼んだ書籍『最底辺のポートフォリオ』（みすず書房、二〇一一年）の中に詳しい。[15]バングラデシュに住むハミドとカデージャは、ハミドがオートリキシャの運転手をして得るおよそ月七〇ドルの金で夫婦と子供一人の暮らしを支えている。著者たちが夫妻を追っていた年の終わりの収支は下図のようになっていたという。

資産の総額は一七四ドル八〇セントで、うちマイクロファイナンスの預金が一六ドル八〇セント、「マネーガード」（安全のために誰かにお金を預けておくこと、この場合ハミドの雇用主）が八ドル、入り用になったときのために自宅で貯金している二ドル、生命保険が七六ドル、故郷の村に送金している三〇ドル、親戚に貸した四〇ドル、手持ちの二ドルだった。負債は二二三ドル三四セントで、マイクロファイナンスのローンが一五三ドル三四セント、家族や隣人、ハミドの親戚から無利子で借りている一四ドル、「浪費家の夫や息子から守るた

2000年11月　ハミドとカデージャの収支表（単位：ドル）[16]

資産	174.80	負債	223.34
マイクロファイナンス貯蓄口座	16.80	マイクロファイナンス・ローン口座	153.34
マネーガード	8.00	無利息の個人ローン	14.00
自宅で貯金	2.00	賃金前借り	10.00
生命保険	76.00	他人からの預かり金	20.00
実家への送金	＞30.00	商店主からの信用貸し	16.00
貸付	40.00	家賃延滞分	10.00
手持ち現金	2.00		
		金融純資産	-48.54

注：1ドル＝50タカで計算

め」二件の隣人から預かっている二〇ドル、店のツケが一六ドル、滞納している家賃が一〇ドルだった。それに加えて粗末なキッチンを共同利用している他の家庭の主婦七人と、少量のコメやレンズ豆や塩を貸し借りしており、長期的に見て不公平にならないよう、頭の中でお互いに帳簿をつけている。夫妻にとっては貸し借りの一つひとつにいくぶんの戦略的、物質的な価値があり、しかも純資産はマイナスになっているが、借金はやりくりできているという。貧乏人は合理的になるべき、と批評する人々は知性や生活の知恵よりも公的な教育と識字率を、そして社会的な環境やつながりにもとづく選択よりも純粋な自己利益を特別視するきらいがある。しかし、実際には合理性などどこでも見られるものだ。

給料三カ月分と、ときには食べ物さえ我慢してノキアの基本的な携帯を買うのは非合理的だろうか？　それでビジネスができるなら？　ゲームに使うなら？　愛する人と話すためなら？　あるいはポルノを見るためなら？ 給料一カ月分でブランドものでない携帯を買うのとどちらが合理的だろうか？ あなたがiPhoneを買ったのはどれほど合理的だろうか？　ナイキのスニーカーは？　赤いハイヒールは？　誰が合理性を判断するのか？　最近の高い買い物のために費やした機会費用はどれほどか？　ブランドの携帯電話を買う利点と知らないメーカーの非ブランドの携帯を買う利点ではどちらを取るか？　容認できる機会損失とはどこまでか、誰が決めるのか？　あるいはクリエイティブ業界の観点からすると——低収入の消費者層は美やその他の表面的な価値のあるものよりも質素で機能的なものを買う義務があるのか？　さらに戻るなら、企業がこうした消費者層に見た目の悪い商品を送り出す義務があるのか？　それこそ、この議論の行き着く先である。

白い肌が畑で働かなくてもすむことを意味し、人々がホワイトカラーの仕事に就きたがっているような国で、自分の肌を白くしようとするのは合理的だろうか？　そして消費者のなかにイエスと答える人がいたとしたら、その場で行われている美白の方法はどんなものだろうか？　どれほどの安全性、信頼性、効果があるか？　そして多国籍企業が白い肌への憧れをかきたてる積極的な売り込みをしたら、人種差別の意識があると言われるだろうか？　現地の企業が同じことを、それよりさらに異様なかたちでやったとしたら？　こうした疑問は批評家が認める以上に複雑だということはすぐに多くの人が理解できるだろう。結果を見るよりも先に、どうやって地元の人々の声に耳を傾け、また語りかけるか、そして誰の話を聞けばすべきことがわかるか、そうした方法をどのようにして見つけるか？　そして、新聞の見出しやトレンドよりもさらに先に行くには何をすればいいか？　それこそが本当の問題だ。

政府の監視が最低限にしか行き届かず、ロビイストが支配する国もあるように、会社によっては機会さえあればすべてをさしおいて利益を追求し、コミュニティから搾取しようとすることもある。しかし、すべての企業がそうだと思い込むのは論理よりも感情が先行している人の意見だろう。ともあれ、私の考えでは、必要性と制約によって突き動かされているこうした人々は、地球上で最も見る目の厳しい消費者である。それぞれの地域にある代替手段がどれほどその場に合ったものかを考えれば、彼らが望んで出せる価格で需要を満たせる製品やサービスを商業的に成立させるというのはそれだけでも単純に注目に値する成功だ。貧しい消費者層にとってどんな商品やサービスが合理的かなどという私たちの判断は――彼らにとってあなたの買い物に対する考えがそうであるように――ほとんどどうでもいい。

形式ばった調査をするか、もっとゲリラ的な手段を使うか、あるいは単に自分の経験を反映するだけかを問わず、個人、ユーザーたち、仲間内の関係、そして消費者の動機を理解することとは、意味のある製品を生み、やがては長く続くビジネスにするための第一歩だ。経済的な制約の大きい消費者がその限られた収入のいくばくかをある商品に割くというなら、それはその商品にとって最高の栄誉といってもいいだろう。

貧しい人は使えないものにお金を使う余裕がないので、駄目なデザインのサービスや商品を買える余裕が最も少ない人でもある。しかし、どの製品が自分の需要を満たすか、または満たさないかを決める権利は彼らにもある。世界中にいる貧しい人々など注目に値しない、と考えることこそ、真の思い上がりといえるだろう。

おわりに

Conclusion

本来ならここではあなたが学んだはずのことを振り返り、これからすべきことを書くべきなのだろう。だが、この本はそういう類いのものではないし、あなたもすべてをお膳立てされて何の苦もなく手に入れることを望むような読者ではないだろう。私は世界がどのようなものかなどと語る代わりに、世界を捉える新しいものの見かたを提示してきた。この本を最も有効に活かす方法は、まず人生を謳歌し、新しいものの見かたを武器として、今までより賢明な疑問を抱いていくことだ。

また、あなたは未来がどのようになるのか、それに対してどうすればいいのかに頭を悩ませているかもしれない。やはりこの本はそういう類いのものでもないが、外に出て、各章で紹介してきたレンズを通じて世界を見るならば、未来はこれまで見えていた以上に見通しが立つものだということが理解できるし、不透明な部分も今までより見やすくなっていることだろう。

そのレンズをどこか特定の場所に向けていくと、何が見えるだろうか？　簡単に見える場面ややり取りでさえも多くの意味や機会で満ちあふれていると気がつくことだろう。友人がいつもカフェから出るときにやっている儀式が、もの忘れ対策や生き延びるためにすることを物語っていると知ることもできるはずだ。ガソリンスタンドやホテル、カフェのサービスを見て、その本質や心地よさを変動させる飾りについて考えることもできる。新しいテクノロジーが人々に使われるようになったのを見て、あと何があれば大多数の人に使われるようになるか、逆に忘却の彼方に追いやられるかを察知することもできるだろう。あるいは注文したフライドチキンの一皿が食べても安全だと信頼できるかどうか、レストラン内や路上、文化上の手がかりなど周辺にあるものを一つひとつ考えていくこともできる。

世界は答えよりも多くの問いで満ちていることにも気がつくことだろう。ショッピングモールにいる女の子がつけている歯列矯正ワイヤーは本当に歯列を矯正しているのか？　そこから連想される通り、彼女の両親は裕福なのだろうか？　友人の家のトイレにある本は彼自身のため？　それともあなたのため？　公園の標識は誰の権限で立てられている？　それで誰が得をしている？

人間のふるまい——友人や仲間、他人、同僚、顧客とのやり取り——ははっきりと見える以上に型にはめたり意味づけをしたり、分析したりできることもわかるだろう。むしろ面と向かって表現されたことよりも、表現されていないものを楽しく思いはじめることさえあるかもしれない。

新しい技術が現れれば（それがいつか必ず現れるものだとはすでにおわかりだろう）、自分がターゲット顧客か、それともただの見物客かを問わず、それが永久的な変化を生み出す長期的な利点や、そのうち消えていくただ目新しいだけのものかがわかるようになるだろう。

そして自分が何か――シャワーを浴びるか、浴びないか、散歩をするか、階段を上るか、携帯で通話していることを聞かれても気にしないか、人の少ない場所を探すか――をするとき、それぞれが何かをする、しないという複雑な枠組みに結び付いていることもわかるだろう。

こうした細かいことや人生のレンズの数々を通じて、世界が動く仕組みに今まで以上の価値を見出せるようになる。その知識を自分がどこかへ旅行するときに活かし、「そこにいること」の意味を深く考えていけば、究極的には普段の生活の何が好きで、何が嫌いかを悟れるだろう。人々が限られた資源でやりくりする創造的な方法を目にすれば、何か新しいことに気づかされるかもしれない。そうして得られた新しい見識を自分のビジネスの再構築に利用し、自分や顧客が抱える課題を解決する多彩なアイデアを生むこともできるだろう。

あたりを見渡せば、多くのものが見えてくるだろう――もはや隠されたことではなく、ただ当たり前のものとして。

付録　デザインリサーチの八大原則

❶リサーチの表面を整える

表面とはすなわち、リサーチの対象者や現地とのタッチポイント（接触機会）のすべてのことだ。理想的な表面が整っていればデータ収集がしやすく、リサーチに使う正式なタッチポイントにもそうでないタッチポイントにも触れやすく、さらに情報とひらめきをうまく融合させ、何か緊急事態が発生して、計画通りにいかなくなっても柔軟に対応できる。リサーチの広さや深み、ツボ（どんな場所に重点を置くか）、いくつかの層（つまり代替策）、感触（チームの倫理観、プロ志向、格調、賑やかさや緊張感）という表面の持つ諸要素を整えておくこと。

❷仕事の質は現地スタッフ次第

現地のスタッフを雇う（できれば主要な調査メンバー一人につき一人ずつ）ことで現場でのやり取りから得られるものが格段に濃密になり、リサーチできる範囲を倍に広げることができる。理想的なスタッフは二、三カ国語を話し、社交的で、外国人やよそものとの交流に価値を置き、学習意欲が旺盛で、主にリサーチの経験そのものからやる気を得ている人物だ。
交渉はハードに、ただし働きに応じて対価を気前よく。

❸すべては滞在する場所から

コミュニティの近くにあるリサーチ内容に合った住宅やゲストハウスを探すこと。気安くくつろげる雰囲気をつくり、現地スタッフも招き入れるとよい。リサーチの報告を行う場所から朝食をとる場所まで、仕事のオンオフを問わずチームがひとつになれる場所を作ること。

❹人集めには何通りもの方法を

リサーチの対象となる人集めは現地での交流のなかで最も大事なことだ。リサーチの内容が高度に専門化されたものでない限り、自ら手掛け、業者に任せないこと。現地スタッフも含めた調査チームのネットワークを駆使し、はっきりと募集条件にできないような案件を除いて、SNSを使った求人活動で条件に完全に適合した人を探すこと。さらに現地に向かうまえから調査チームの現地に対する理解を深めておくこと。開始時点での交流から雪だるま式に人集めを広げていき、一貫して継続的に求人活動を続けていく術を習得しよう。

⑤クライアントよりも参加者優先

何よりもまずリサーチ参加者たちの幸福を優先させること。そうすることで現地スタッフも自分たちのネットワークを利用してくれるようになるなど、最後のプレゼンテーションを行うリサーチプロジェクト終了のときまで、データを収集し、積極的に利用しようとする強力な道義的基盤ができる。伝統的には「クライアント優先」とされているが、まず参加者を優先することは、最終的にはクライアントにとっても一番の利益を生むのである。

⑥データに生命を

データ（純粋な情報）から洞察《インサイト》（その情報を今抱えている課題にどう生かすか）を得る過程はすべて現場から始まる。

新鮮なうちにデータを利用するため、最低でも一日一度はチーム全体で最も重要なデータを洗い出すこと。現場から戻るまえには現地スタッフも交え、まる一日かけるのが望ましい。リサーチ室は固定しないほうがデータに呼吸する余地が生まれる——細かい分析をあと回しにしつつも、新しいデータを以前のデータに積み上げすぎ、隠してしまうことがなくなる。そうした余地によって、データの含む微妙な意味合いを理解し、現場から戻ったあとデータを統合して分析するよりもまえに自然とデータに触れ、体得することができる。

⑦ いつものルールは通用しない

すべてのリサーチプロジェクトは新たな現実を創造し、調査チームの精神的な枷を解き放つチャンスだ。調査チームの上下関係を破壊してみたり（いちばん下のメンバーをいちばんいいベッドで寝かせ、自分は床で寝る）、訪問に来たクライアントを働かせてみたりするなどして常識は適用されないと証明し、生活・仕事空間の両方で集団に変化を生み出すこと。

⑧ 息抜きする余裕を持つ

こうした没入型のリサーチは感情的にも負担が大きい。仕事仲間でしかなかった人々と多忙な日々を共に過ごし、膨大なプロジェクトの課題にまったく新しい場所で取り組むのだから、休む時間は絶対に必要となる。リサーチの終わりにはチームの息抜きのために最低でも二日の時間をとり、どこか記憶に残るような場所でチームをほめたたえて達成したことを振り返らせ、元の生活に戻る心の準備をさせよう。

一年もすれば、チームが覚えていることは協力してひとつのゴールを目指したという友情と、旅の締めくくりに言われたことぐらいになる。最高の思い出にしよう。

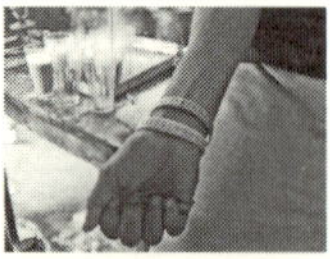

p.123　南デリー（インド）

リブストロングのブレスレットがなぜミーム的なものになるのかを理解することで、未来のウェアラブル機器のヒントがわかる。

p.157　アーメダバード（インド）

通勤客の行動を追う。

p.201　成都（中国）

中国の山寨《さんさい》商品は、知的財産権に関わるルールを曲げながら製品開発のプロセスを変えようとしている。

p.204　香港（中国）

現地における最悪の通勤電車を経験して初めて、その街やそこに住む住民を本当に理解したといえる。

p.207　ホーチミン（ベトナム）

最もシンプルなガソリンスタンド。

p.223　カンパラ（ウガンダ）

携帯電話の共有行動の調査。

p.241　ヘラート（アフガニスタン）

ヘラートの穀物店でサービスの採用状況を探る。

写真説明

p.21　カンパラ（ウガンダ）

延長アンテナがこの村に携帯通信を届けている。

p.33　北京（中国）

自転車を買って、街に繰り出そう。

p.64　成都（中国）

お金を安全に隠せる最後の砦。

p.75　バンコク（タイ）

歯列矯正器具がステータスとなる。

p.81　ラサ（チベット）

写真スタジオはそのコミュニティの日常と願望を知るのに最適な場所だ。

p.101　ラゴス（ナイジェリア）

「フェイスブックをやってる？」

ここに未来が透けて見える。

p.113　ソウル（韓国）

ディスプレイはどこにでもある——最先端か、進化の行き止まりか？

第8章

1 Jan Chipchase, "Context, Risk & Consequences," *Future Perfect*, accessed October 12, 2012, http://janchipchase.com/2005/11/context-understanding-risk-consequences/.

2 "Apple iPhone: Global Sales 2007-2012," accessed October 12, 2012, http://www.statista.com/statistics/276306/global-apple-iphone-sales-since-fiscal-year-2007/.

3 UNESCO, "Understandings of Literacy," *Education for All Global Monitoring Report 2006*, http://www.unesco.org/education/GMR2006/full/chapt6_eng.pdf.

4 Nokia, *CR Report 2005*, p. 23, http://i.nokia.com/blob/view/-/262088/data/2/-/nokia-cr-report-2005-pdf.pdf.

5 この件に関しては私と共に長年リサーチを続けているジーナス・ハサン，市川文子，チェ・ヤンキンに感謝したい．

6 "Huawei Launches World's First Affordable Smartphone with Google Called IDEOS," September 2, 2010, http://www.huaweidevice.com/resource/mini/201008174756/ideos/news_detail.html.

7 Brian Bennett, "Nokia Unveils Trio of Cheap Touch-screen Phones," CNET, June 6, 2012, http://www.cnet.com/8301-17918_1-57448093-85/nokia-unveils-trio-of-cheap-touch-screen-phones/.

8 Heidi Blake, "Apple Accused of Censorship After Porn Disappears from iPad Book Chart," Telegraph.co.uk, July 27, 2010, http://www.telegraph.co.uk/technology/apple/7911821/Apple-accused-of-censorship-after-porn-disappears-from-iPad-book-chart.html.

9 "Coke Paints the Himalayas Red," BBC, August 15, 2002, http://news.bbc.co.uk/2/hi/business/2195894.stm.

10 Paul Brown, "Monsanto Drops GM 'Terminator,'" *Guardian*, October 5, 1999, http://www.theguardian.com/science/1999/oct/05/gm.food1?INTCMP=SRCH.

11 Joel Johnson, "1 Million Workers. 90 Million iPhones. 17 Suicides, Who's to Blame?," *Wired*, February 28, 2011, www.wired.com/magazine/2011/02/ff_joelinchina/all/1.

12 "Wired for Repression," Bloomberg, accessed October 12, 2012, http://topics.bloomberg.com/wired-for-repression/.

13 Aneel Karnani, "Doing Well by Doing Good: Case Study: 'Fair & Lovely' Whitening Cream," *Strategic Management Journal* 28, no. 13 (2007): 1351-57.

14 Matt Rosoff, "Google Is Studying Your Gmail Inbox So It Can Show You Better Ads," *Business Insider*, March 29, 2011, http://www.businessinsider.com/gmail-is-taking-a-closer-look-at-your-inbox-so-it-can-show-you-better-ads-2011-3.

15 Daryl Collins, Jonathan Morduch, Stuart Rutherford, and Orlanda Ruthven, Portfolios of the Poor: How the World' s Poor Live on $2 a Day (Princeton, NJ: Princeton University Press, 2009)〔J.モーダック，S.ラザフォード，D.コリンズ，O.ラトフェン『最底辺のポートフォリオ――1日2ドルで暮らすということ』大川修二訳，みすず書房，2011年〕．

16 Ibid., accessed at http://www.portfoliosofthepoor.com/pdf/Chapterl.pdf.

24 Nicholas Schmidle, "Inside the Knockoff-Tennis-Shoe Factory," *New York Times Magazine*, August 19, 2010, http://www.nytimes.com/2010/08/22/magazine/22fake-t.html?_r=1&pagewanted=all.

25 Lin and Nilsson, "Competition Drives Create-or-Die Existence."

26 Schmidle, "Inside the Knockoff-Tennis-Shoe Factory."

27 Owen Duffy, "Pirate Bay Hails New Era as It Starts Sharing 3D Plans," *Guardian*, January 26, 2012, http://www.theguardian.com/technology/2012/jan/26/pirate-bay-3d-printing?INTCMP=SRCH.

第7章

1 Donald A. Norman, *The Design of Everyday Things* (New York: Basic Books, 2002), p. 173〔D. A. ノーマン『誰のためのデザイン？——認知科学者のデザイン原論』野島久雄訳，新曜社，1990年〕.

2 John Maeda, *The Laws of Simplicity: Design, Technology, Business, Life* (Cambridge, MA: MIT Press, 2006)〔ジョン・マエダ『シンプリシティの法則』鬼澤忍訳，東洋経済新報社，2008年〕.

3 "Lateral Thinking," accessed November 18, 2012, http://www.edwdebono.com/lateral.htm.

4 Tim Russell, *Fill 'Er Up! The Great American Gas Station* (Minneapolis: Voyageur Press, 2007).

5 Valerie Reitman, "Japanese Aren't Fuel-Hardy at New Self-Serve Stations," *Los Angeles Times*, April 26, 1998, http://articles.latimes.com/1998/apr/26/news/mn-43262.

6 Manabu Sasaki, "A Comedy of Errors at Nation's Self-Service Pumps," *Asahi Shimbun*, May 4, 2010, http://www.asahi.com/english/TKY201005030208.html〔佐々木学「ガソリン？軽油？ セルフスタンドで入れ間違い多発」朝日新聞，2010年4月13日〕.

7 Ronda Kaysen, "A Clean New Life for Grimy Gas Stations," *New York Times*, July 10, 2012, http://www.nytimes.com/2012/07/11/realestate/commercial/a-clean-new-life-for-grimy-gas-stations.html?_r=2&smid=pl-share.

8 John Kelly, "The Watergate Exxon's Famously Expensive Gas," *Washington Post*, April 5, 2012, http://www.washingtonpost.com/local/the-watergate-exxons-famously-expensive-gas/2012/04/04/gIQAfEZyvS_story.html.

9 Kaysen. "A Clean New Life for Grimy Gas Stations."

10 Consultative Group to Assist the Poor, and World Bank, *Financial Access 2010: The State of Financial Inclusion Through the Crisis* (Washington, DC: CGAP and World Bank, 2010), p.11. http://www.microrate.com/media/docs/general/FA_2010_Financial_Access_2010_Rev.pdf

11 "Publication of Final Results for the Third Census of Population and Housing of 2008," trans. by Google Translate, April 14, 2010, http://www.presidence.bi/spip.php?article405.

12 Consultative Group to Assist the Poor, and World Bank, *Financial Access 2010*, p. 64.

13 Joseph Walker, "Tech Start-Ups Take On Banks," *Wall Street Journal*, February 23, 2012, http://www.fins.com/Finance/Articles/SBB0001424052970203960804577241420416485252/Traditional-Banks-Face-New-Competition.

14 "Seasteading: Cities on the Ocean," *Economist*, December 3, 2011, http://www.economist.com/node/21540395.

8 Arjun Chaudhuri and Morris B. Holbrook, "The Chain of Effects from Brand Trust and Brand Affect to Brand Performance: The Role of Brand Loyalty," *Journal of Marketing* 65, no. 2 (2001): 81-93.

9 "2011 Edelman Trust Barometer: Global & Country Insights," p. 22, http://www.slideshare.net/EdelmanDigital/edelman-trust-barometer-executive-findings-6689233.

10 Amos Tversky and Daniel Kahneman, "Judgment Under Uncertainty: Heuristics and Biases," *Science*, New Series, 185, no. 4157 (September 27, 1974): 1124-31.

11 Roni Caryn Rabin, "Avoiding Sugared Drinks Limits Weight Gain in Two Studies," *New York Times*, September 21, 2012, http://www.nytimes.com/2012/09/22/health/avoiding-sugary-drinks-improves-childrens-weight-in-2-studies.html?_r=0.

12 Bruce Feiler, "Take Back the Trash," *New York Times*, March 4, 2011, http://www.nytimes.com/2011/03/06/fashion/06ThisLife.html?_r=3.

13 少なくとも現地でのやり取りから考える限り，タンを吐くという行為は特に外国人によって問題を提起された場合，学歴のある都会の中国人からは否定的な反応がより強く返ってくる問題のひとつだろう．その理由として想像できることは，まずタンを吐くという行為が自己中心的なものであり，しぜん吐かれたものに他人がさらされることだろう．また，農村文化でタンを吐くことがさらによく見られるのは，（汚れる）肉体労働がしばしばタンを吐きたくなるような瞬間をより多く生むものであり，低い人口密度と非人工的な地面（土や草場）の上では都会と比べて他人がタンにさらされるということが与える負の印象が少ないからだと考えられる．現代の都会に住む人々にとって，タンを吐くという行為は自分たちが短いあいだに社会がどこまで変化し，自分たちの生活がかつてどのようなものであったか（収入面でも行いの面でも）という卑近かつ不快な例である．端的に言えば，高学歴の都会に住む中国人にとっては過去に捨て去りたいものだ．こうした不協和音は現代の中国と伝統的中国の間に起こっている緊張，そしてものごとが変化している速さを物語る．

14 International Energy Agency, "Electricity Access in 2009," *World Energy Outlook 2011*, http://www.iea.org/publications/worldenergyoutlook/resources/energydevelopment/accesstoelectricity/.

15 "Chengdu, China: The City in 2010, the Sixth National Census Data Communique," accessed October 15, 2012, http://www.chengdu.gov.cn/govAffairInfo/detail.jsp?id=425258.

16 事後研究として，重慶の性欲増進剤のパッケージを調べた．Jan Chipchase, "The Promise: Lessons for Service Design from the Packaging of Libido Enhancers in China," *Future Perfect*, accessed December 12, 2012, http://janchipchase.com/content/presentations-and-downloads/lessons-for-service-design/.

17 Organisation for Economic Co-operation and Development, "Magnitude of Counterfeiting and Piracy of Tangible Products: An Update." November 2009.

18 Kathrin Hille, "Microsoft Alleges Piracy in China Lawsuits," *Financial Times*, January 10, 2012, http://www.ft.com/cms/s/2/f87227ac-3b89-11e1-a09a-00144feabdc0.html#axzz1yWK4AnvW.

19 Aaron Back, "Microsoft Tries Carrot to Fight China Piracy," *Wall Street Journal*, May 16, 2009, http://online.wsj.com/article/SB124236052789422819.html.

20 Owen Fletcher and Jason Dean, "Ballmer Bares China Travails," *Wall Street Journal*, May 26, 2011, http://online.wsj.com/article/SB10001424052702303654804576347190248544826.html.

21 OECD, "Magnitude of Counterfeiting."

22 David Barboza, "In China, Knockoff Cellphones Are a Hit," *New York Times*, April 28, 2009, http://www.nytimes.com/2009/04/28/technology/28cell.html?hpw.

23 Xu Lin and Erik Nilsson, "Competition Drives Create-or-Die Existence," *China Daily*, June 13, 2012, http://www.chinadaily.com.cn/life/2012-06/13/content_15497936.htm.

6 Eltaf Najafizada and James Rupert, "Afghan Police Paid by Phone to Cut Graft in Anti-Taliban War," *Bloomberg*, http://www.bloomberg.com/news/2011-04-13/afghan-police-now-paid-by-phone-to-cut-graft-in-anti-taliban-war.html.

7 "Financial Inclusion Data: World Bank," http://hddn.ps/43-financial-inclusion.

8 Lisa Gansky, *The Mesh: Why the Future of Business Is Sharing* (New York: Portfolio, 2010)〔リサ・ガンスキー『メッシュ――すべてのビジネスは〈シェア〉になる』実川元子訳，徳間書店，2011年〕.

9 "List of Tool-Lending Libraries," *Wikipedia*, http://en.wikipedia.org/wiki/List_of_tool-lending_libraries.

10 "BabyPlays.com Online Used Toy," http://babyplays.com/.

11 Ryoichi Mori and Masaji Kawahara, "Superdistribution: The Concept and the Architecture," *Transactions of the IEICE* 73, no. 7 (July 1990).

第5章

1 ただ単に髭を剃るだけのことでも，正しくエキゾチックかつ血と痛みを伴う体験をしてきた．世界中いたるところにあるなまくらのカミソリやら，ラサではジレットのニセモノに顔の一部を削り取られたり，イスタンブールでは糸による脱毛を楽しんできたり，バンガロールでは傷に生のアロエをすり込まれたりしてきたことがある．他にも店内だけでなく路上や外で髭を剃ってもらったり，停電が多いのに電気カミソリを使う（HIVの感染率が高いコミュニティで，現地の人々は電気カミソリのほうがウイルスを媒介しにくいと信じているらしい）ガーナ人のコミュニティへ行ったりもした．ベトナムのフエ市ではサービスとしてカミソリで耳を掃除してくれた店もあった．

2 Michael Luo, " 'Excuse Me. May I Have Your Seat?,'" *New York Times*, September 14, 2004, pp. 74-75.

3 Andrew Jacobs, "Fire Ravages Renowned Building in Beijing," *New York Times*, February 10, 2009, http://www.nytimes.com/2009/02/10/world/asia/10beijing.html?_r=1.

第6章

1 "Arrest of the Confidence Man," New York Herald, July 8, 1849, reprinted in Herman Melville, *The Confidence-Man: His Masquerade*, ed. Hershel Parker (New York: Norton, 1971), p. 227.

2 "The Inflation Calculator," http://www.westegg.com/inflation/.

3 Melville, *The Confidence-Man*.

4 「あらゆる野の獣のうちで，蛇が一番狡猾であった」『聖書』創世記3:1（新共同訳，日本聖書協会，1987年）.

5 Sharon LaFraniere, "In China, Fear of Fake Eggs and 'Recycled' Buns," *New York Times*, May 7, 2011, http://www.nytimes.com/2011/05/08/world/asia/08food.html.

6 "'Kitchen Expose Chef's Confession: Duck Meat Brined in Lamb Urine to Be Used as Lamb Meat in a Dish," *China Times*, March 16, 2009, trans. by Google Translate, http://www.haixiainfo.com.tw/42078.html〔リンク切れ〕.

7 Jan Chipchase, "The Psychology of Origins," *http://janchipchase.com/2010/05/the-psychology-of-orgins/*.

11 Chris Morris, "Porn Industry Looks for New Money Spinners," CNBC.com, January 6, 2011, http://www.cnbc.com/id/40896321/Porn_Industry_Looks_For_New_Money_Spinners.

12 Paul Bond, "Film Industry, Led by Electronic Delivery, Will Grow in Every Category Through 2015," *Hollywood Reporter*, June 14, 2011, http://www.hollywoodreporter.com/news/film-industry-led-by-electronic-200881.

13 "DPS MMS Scandal," *Wikipedia*, December 4, 2012, http://en.wikipedia.org/wiki/DPS_MMS_Scandal.

14 セックストイが陰から表に出てくるという変化が顕著に表れているのはおそらく中国だろう．10年前には見かけもしなかったが，今ではほとんどどこへ行ってもセックストイや性欲増進剤の小売店が堂々と並び，バイブレーターがコンビニのレジ前で売られている． Jan Chipchase, "Pleasure at the Point of Sale," *Future Perfect*, http://janchipchase.com/2011/04/pleasure-at-the-point-of-sale/.

15 Kevin Kelly, *What Technology Wants* (New York: Penguin, 2010).

16 "American Civil Liberties Union," http://www.aclu.org; Federal Trade Commission, "Facing Facts: Best Practices for Common Uses of Facial Recognition Technologies," October 2012, http://www.ftc.gov/reports/facing-facts-best-practices-common-uses-facial-recognition-technologies; "EPIC: Face Recognition," accessed October 20, 2012, http://epic.org/privacy/facerecognition/.

17 Jan Chipchase, "Touch Screen Vending," *Future Perfect*, http://janchipchase.com/2011/01/touch-screen-vending/.

18 Bianca Bosker, "Facial Recognition: The One Technology Google Is Holding Back," *Huffington Post*, June 1, 2011, http://www.huffingtonpost.com/2011/06/01/facial-recognition-google_n_869583.html.

19 Jeffrey Stinson, "How Much Do You Make? It'd Be No Secret in Scandinavia," *USA Today*, June 18, 2008, http://usatoday30.usatoday.com/news/world/2008-06-18-salaries_N.htm.

第4章

1 Stanley Milgram, "Frozen World of the Familiar Stranger," *Psychology Today*, June 1974; Eric Paulos and Elizabeth Goodman, "Familiar Stranger Project," http://www.paulos.net/research/intel/familiarstranger/.

2 Ronald W. Glensor, Kenneth J. Peak, and United States Department of Justice, Office of Community Oriented Policing Services, *"Crimes Against Tourists,"* 2004, http://www.popcenter.org/problems/pdfs/crimes_against_tourists.pdf.

3 "Robbers Targeting iPhones, iPods Near Venice Beach—CBS Los Angeles," losangeles.cbslocal.com/2012/04/11/robbers-targeting-iphones-ipods-near-venice-beach/; "Targeting iPods," *Windsor Star*, Canada.com, http://www.canada.com/windsorstar/news/life/story.html?id=468a8bc8-65b6-48ad-91ad-24e373f1e16c; Jacqui Cheng, "San Francisco Public Transit Warns About iPod Theft," *Ars Technica*, http://arstechnica.com/apple/2007/03/san-francisco-public-transit-warns-about-ipod-theft/; Jen Chung, "Subway Crime Down 'Cept for iPod & Cellphone Thefts," *Gothamist*, http://gothamist.com/2005/04/28/subway_crime_down_cept_for_ipod_cellphone_thefts.php.

4 "#01: iPod 1G: The First Original Commercial," 2007, http://www.youtube.com/watch?v=2d_Fa4wSy5M.

5 "How Many Songs Does Each iPod, iPod mini, iPod nano, iPod touch, and iPod shuffle Hold," http://www.everymac.com/systems/apple/ipod/ipod-faq/how-many-songs-does-ipod-hold-capacity.html.

9 Jan Kornelis Dijkstra et al., "Influence and Selection Processes in Weapon Carrying During Adolescence: The Role of Status, Aggression, and Vulnerability," *Criminology* 48 (2010): 187-220.

10 Farnaz Fassihi, "A Craze for Pooches in Iran Dogs the Morality Police," *Wall Street Journal*, July 18, 2011, http://online.wsj.com/article/SB10001424052702303365804576430161732491064.html .

11 Ryan Lynch, *Dollars & Sense*, March—April 2008, 5.

12 Tahir Qadiry, "Afghanistan: New Car Plates Are 39 Steps to Shame," BBC, June 17, 2011, http://hddn.ps/18-bbc-afghan-thirtynine.

13 Kate Fox, *Watching the English: The Hidden Rules of English Behaviour* (London: Hodder & Stoughton, 2008).

14 Raksha Arora, "Homeowner Ship Soars in China," Gallup.com, March 1, 2005, http://www.gallup.com/poll/15082/homeownership-soars-china.aspx.

15 Michael J. Silverstein and Neil Fiske, "Luxury for the Masses," *Harvard Business Review*, April 2003, http://hbr.org/2003/04/luxury-for-the-masses/ar/1.

16 Steve M. Chazin, "Marketing Apple: 5 Secrets of the World's Best Marketing Machine," p. 3.

17 Geoffrey Miller, *Spent: Sex, Evolution, and Consumer Behavior* (New York: Viking Adult, 2009).

第3章

1 "Busiest Station," accessed October 20, 2012, http://www.guinnessworldrecords.com/records-9000/busiest-station/.

2 Suica（スーパー・アーバン・インテリジェント・カードの略）あるいはモバイルSuicaと呼ばれるものだが，ごく少数のアーリーアダプターのなかにはSuicaのカードを削って携帯電話カバーの内側にテープで留め，それ用のアプリが登場するよりもまえに「ケータイ支払」を試していた人々もいる．

3 Suicaポスター，あるいはSuiPoは現在普及しているQRコードと似たかたちで，Suicaを使った通行人とポスターの間で情報のやり取りを行うことができる．

4 そもそも仕事に行かないほうが社会のためではないかと考える人もいるだろうが，マスクと違ってはっきり目に見えるものではないし，ひどい風邪の場合はともかく，風邪気味程度ではあまり通用しないだろう．

5 Bryce Ryan and Neal C. Gross, "The Diffusion of Hybrid Corn in Two Iowa Communities," *Rural Sociology* 8, no. 1. (1943): 15-24.

6 Amelia Hill, "Thumbs Are the New Fingers for the GameBoy Generation," *Guardian*, March 24, 2002, http://www.theguardian.com/uk/2002/mar/24/mobilephones.games.

7 Betsy Sparrow, Jenny Liu, and Daniel M. Wegner, "Google Effects on Memory: Cognitive Consequences of Having Information at Our Fingertips," *Science* 333, no. 6043 (August 5, 2011): 776-78,

8 *CIA World Factbook*, Field Listing: Median Age, accessed October 20, 2012, https://www.cia.gov/library/publications/the-world-factbook/fields/2177.html.

9 Alvin Toffler, "The Future as a Way of Life," *Horizon* 7, no. 3 (1965): 3.

10 Thomas Valente, *Network Models of the Diffusion of Innovations* (Cresskill, NJ: Hampton Press, 1995).

7 Mark Granovetter, "Threshold Models of Collective Behavior," *American Journal of Sociology* 83 (1978): 1420-43.

8 Mark Granovetter and Roland Soong, "Threshold Models of Diversity: Chinese Restaurants, Residential Segregation, and the Spiral of Silence," *Sociological Methodology* 18 (1988): 69-104; Mark Granovetter and Roland Soong, "Threshold Models of Interpersonal Effects in Consumer Demand," *Journal of Economic Behavior and Organization* 7 (1986): 83-99.

9 Alexis Madrigal, "Snorting a Brain Chemical Could Replace Sleep," *Wired*, December 28, 2007, http://www.wired.com/science/discoveries/news/2007/12/sleep_deprivation.

10 Jan Chipchase, "Mobile Phone Practices & the Design of Mobile Money Services for Emerging Markets," December 2009, http://www.techrepublic.com/resource-library/whitepapers/mobile-phone-practices-the-design-of-mobile-money-services-for-emerging-markets/.

11 Naina Khedekar, "Nokia Money—Mobile Wallet Service Launched in India," *Tech2*, December 14, 2011, http://tech.firstpost.com/news-analysis/nokia-money-mobile-wallet-service-launched-in-india-23965.html.

12 John Tierney, "The Voices in My Head Say 'Buy It!' Why Argue?," *New York Times*, January 16, 2007, http://www.nytimes.com/2007/01/16/science/16tier.html.

13 Ran Kivetz, "Advances in Research on Mental Accounting and Reason-Based Choice," *Marketing Letters* 10, no.3 (1999): 249-66.

14 Nick Szabo, "Micropayment and Mental Transaction Costs," 2nd Berlin Internet Economics Workshop, May 1999, http://citeseerx.ist.psu.edu/viewdoc/download?doi=10.1.1.23.9779&rep=rep1&type=pdf.

15 Drazen Prelec and George Loewenstein, "The Red and the Black: Mental Accounting of Savings and Debt," *Marketing Science* 17, no. 1 (1998): 4-28.

第2章

1 Judith Lynn Sebesta and Larissa Bonfante, eds., *The World of Roman Costume* (Madison:University of Wisconsin Press, 1994), p. 13.

2 Anchor Books, 1959)〔E.ゴッフマン『行為と演技——日常生活における自己呈示』石黒毅訳，誠信書房，1974年〕.

3 Walter M. Beattie Jr., "The Merchant Seaman," unpublished M.A. report, Department of Sociology, University of Chicago, 1950, p. 35.

4 "New Nokia Phones for Richie Rich," *Wired*, January 21, 2002, http://www.wired.com/gadgets/wireless/news/2002/01/49887.

5 Ian Marcouse, "The 100,000 [pounds sterling] Phone," *Business Review* (UK), September 2008.

6 Harvey Leibenstein, "Bandwagon, Snob, and Veblen Effects in the Theory of Consumers' Demand," *Quarterly Journal of Economics* 64 (May 1950): 183-207.

7 Thorstein Veblen, The Theory of the Leisure Class (New York: Penguin Books, 1994)〔ソースティン・ヴェブレン『有閑階級の理論——制度の進化に関する経済学的研究』高哲夫訳，筑摩書房，1998年〕.

8 "Status Displays: I've Got You Labelled," *Economist*, March 31, 2011, http://www.economist.com/node/18483423.

序章

1 米国国勢調査局の国際データベースによれば，2012年10月15日時点での世界人口は70億4583万2082人である．U.S. Census Bureau, Demographic Internet Staff, "International Programs, International Data Base," accessed October 15, 2012, http://www.census.gov/population/international/data/idb/worldpopinfo.php.

2 2008年度の世界銀行による世界開発指標報告における2005年度米ドル購買力平価にもとづく．World Bank, *World Development Indicators 2008*, 2008.

3 "Press Release: ITU sees 5 billion mobile subscriptions globally in 2010," http://www.itu.int/newsroom/press_releases/2010/06.html; Richard Heeks, "Beyond Subscriptions: Actual Ownership, Use and Non-Use of Mobiles in Developing Countries," *ICTs for Development*, March 22, 2009, http://ict4dblog.wordpress.com/2009/03/22/beyond-subscriptions-actual-ownership-use-and-non-use-of-mobiles-in-developing-countries/.

4 Henry Petroski, *The Pencil: A History of Design and Circumstance* (New York: Knopf, 1992)〔ヘンリー・ペトロスキー『鉛筆と人間』渡辺潤，岡田朋之訳，晶文社出版，1993年〕．

5 "Village Phone—Grameen Foundation," Grameen Foundation, accessed October 15, 2012, http://www.grameenfoundation.org/what-we-do/mobile-phone-solutions/village-phone.

6 Kimberly J. Mitchell, Sheana Bull, Julius Kiwanuka, and Michele L. Ybarra, "Cell Phone Usage Among Adolescents in Uganda: Acceptability for Relaying Health Information," *Health Education Research*, May 2, 2011.

7 Nick Hughes and Susie Lonie, "M-PESA: Mobile Money for the 'Unbanked,'" *Innovations* 2, no. 1-2 (2007): 63-81.

8 Vikas Bajaj, "Tata's Nano, the Car That Few Want to Buy," *New York Times*, December 9, 2010, http://www.nytimes.com/2010/12/10/business/global/10tata.html?_r=1&pagewanted=all.

第1章

1 http://servicedesigntools.orgではデザインリサーチに必要なフレームワークやツールと，簡単なサンプルがまとめられている．

2 "The Psychology of Super-casinos," BBC, May 25, 2006, http://news.bbc.co.uk/2/hi/uk_news/magazine/5013038.stm.

3 John Tierney, "Do You Suffer from Decision Fatigue?," *New York Times*, August 17, 2011, http://www.nytimes.com/2011/08/21/magazine/do-you-suffer-from-decision-fatigue.html?pagewanted=all.

4 "The 10 Most Addictive Sounds in the World," *Fast Company*, February 22, 2010, http://www.fastcompany.com/1555211/10-most-addictive-sounds-world; Martin Lindstrom, *Buyology: Truth and Lies About Why We Buy* (New York: Crown Business, 2010); Paco Underhill, *Why We Buy: The Science of Shopping—Updated and Revised for the Internet, the Global Consumer, and Beyond* (New York: Simon & Schuster, 2008)〔パコ・アンダーヒル『なぜこの店で買ってしまうのか——ショッピングの科学』鈴木主税，福井昌子訳，早川書房，2009年〕．

5 Richard H. Thaler and Cass R. Sunstein, *Nudge: Improving Decisions About Health, Wealth, and Happiness* (New Haven, CT: Yale University Press, 2008)〔リチャード・セイラー，キャス・サンスティーン『実践 行動経済学——経済、富、幸福への聡明な選択』遠藤真美訳，日経BP社，2009年〕．

6 David Kestenbaum, "Japan Trades In Suits, Cuts Carbon Emission: NPR," NPR.org, October 2, 2007, http://www.npr.org/templates/story/story.php?storyId=14024250; "Super Cool Biz," *Japan Times*, June 12, 2011, http://www.japantimes.co.jp/opinion/2011/06/12/editorials/super-cool-biz/.

［著者］

ヤン・チップチェイス

Jan Chipchase

世界的なデザインコンサルティングファームfrog（フロッグ）のグローバル市場調査・分析部門であるGlobal Insightsのエグゼクティブ・クリエイティブ・ディレクター。

ノキアの主席科学研究員を経て現職。これまで日本、中国、アフガニスタン、ウガンダ、ブラジルなど世界50カ国以上でリサーチを行ってきた。彼の分析はニューヨーク・タイムズ、BBC、エコノミスト、ナショナル ジオグラフィック、WIRED、日経ビジネスなどで取り上げられた。

また、これまで米国のスタンフォード大学やマサチューセッツ工科大学（MIT）、英国の王立美術大学、インドの国立デザイン研究所などで教鞭をとってきた。2007年にTED登壇、2011年にはファスト・カンパニー誌の「ビジネス界で最もクリエイティブな100人」に選出された。2014年にデザインブランド「Studio D Radiodurans」を発足。

日本に10年間滞在した経験を持ち、現在は日本人の妻とアメリカに住んでいる。

● 著者サイト
http://janchipchase.com

● デザインブランド
「Studio D Radiodurans」
http://www.d-rad.co/

● 著作物
「Today's Office」（英語版）
http://www.d-rad.co/stores/todays-office-digital-english

［共著者］

サイモン・スタインハルト

Simon Steinhardt

デジタルエージェンシーJESS3編集部のアソシエイト・クリエイティブ・ディレクター。スウィンドル誌の元編集長で、世界のストリートカルチャーやストリートアートに関する本の編集に携わってきた。非営利団体アート・アンド・リメンブランス役員でもある。

［訳者］

福田篤人

Atsuto Fukuda

東京外国語大学大学院修士卒。10代を米国で過ごし、大学時代に中国語と通訳の技法を修得。卒業後から日中英の翻訳業務に勤しんでいる。2013年、『3分でわかるホーキング』（エクスナレッジ）にて出版翻訳デビュー。好きな分野は科学・技術。

● 英治出版からのお知らせ

本書に関するご意見・ご感想を E-mail（editor@eijipress.co.jp）で受け付けています。また、英治出版ではメールマガジン、ブログ、ツイッターなどで新刊情報やイベント情報を配信しております。ぜひ一度、アクセスしてみてください。

メールマガジン：会員登録はホームページにて
ブログ：www.eijipress.co.jp/blog
ツイッター ID：@eijipress
フェイスブック：www.facebook.com/eijipress

サイレント・ニーズ
ありふれた日常に潜む巨大なビジネスチャンスを探る

発行日　2014年　3月31日　第1版　第1刷

著者　ヤン・チップチェイス、サイモン・スタインハルト
訳者　福田篤人（ふくだ・あつと）

発行人　原田英治
発行　英治出版株式会社
〒150-0022 東京都渋谷区恵比寿南 1-9-12 ピトレスクビル 4F
電話　03-5773-0193　FAX　03-5773-0194
http://www.eijipress.co.jp/
プロデューサー　下田理
スタッフ　原田涼子　高野達成　岩田大志　藤竹賢一郎　山下智也
杉崎真名　鈴木美穂　原口さとみ　山本有子　中野瞳
茂木香琳　田中三枝　木勢翔太　上村悠也
印刷・製本　大日本印刷株式会社
装丁　日下充典
翻訳協力　株式会社トランネット　http://www.trannet.co.jp

ISBN978-4-86276-177-4　C0034　Printed in Japan

世界を変えるデザイン

ものづくりには夢がある

シンシア・スミス編　槌屋詩野監訳　北村陽子訳

世界の90%の人々の生活を変えるには?　夢を追うデザイナーや建築家、エンジニアや起業家たちのアイデアと良心から生まれたデザイン・イノベーション実例集。本当の「ニーズ」に目を向けた、デザインとものづくりの新たなかたちが見えてくる。

定価：本体2,000円＋税　ISBN978-4-86276-058-6

世界とつながるビジネス

BOP市場を開拓する5つの方法

国連開発計画(UNDP)編　吉田秀美訳

何かが足りない所にはニーズがあり、ニーズがある所にはチャンスがある。成功のカギは「つながり」をつくること!　明確なフレームワークと17のケースで学ぶ「BOPビジネス」実践ガイド。

定価：本体2,000円＋税　ISBN978-4-86276-095-1

なぜデザインが必要なのか

世界を変えるイノベーションの最前線

エレン・ラプトン、シンシア・スミスほか著　北村陽子訳

コミュニティを生む劇場、泥をエネルギー源とするランプ、落ち葉と水で作る食器、赤ちゃんの命を守るモニター、携帯電話での遠隔医療、空気をきれいにする建築資材……世界44カ国から集められた、138のデザイン・イノベーション。

定価：本体2,400円＋税　ISBN978-4-86276-120-0

地域を変えるデザイン

コミュニティが元気になる30のアイデア

筧裕介監修　issue+design project著

人がつながると、新しい夢が生まれる。私たちの創造力が、課題先進国ニッポンを救う!　人口減少、育児、エネルギー、格差……世の中の課題を美しく解決して幸せなムーブメントを起こす、みんなのための「デザイン」実例集。

定価：本体2,000円＋税　ISBN978-4-86276-128-6

ソーシャルデザイン実践ガイド

地域の課題を解決する7つのステップ

筧裕介著

みんなの幸せを、みんなでつくろう。いま注目の問題解決手法「ソーシャルデザイン」。育児、地域産業、高齢化、コミュニティ、災害……社会の抱えるさまざまな課題を市民の創造力でクリエイティブに解決する方法を、7つのステップと6つの事例でわかりやすく解説。

定価：本体2,200円＋税　ISBN978-4-86276-149-1

アイデアの 99％

「1％のひらめき」を形にする3つの力

スコット・ベルスキ著　関美和訳

国内外のトップクリエイターが絶賛！　アイデアの発想法だけに目を向けてこれまで見落とされていたアイデアの「実現法」。誰もがもっているアイデアを実際に形にするための、整理力・仲間力・統率力の3つの原則をクリエイティブ界注目の新鋭が説く。

定価：本体1,600円＋税　ISBN978-4-86276-117-0

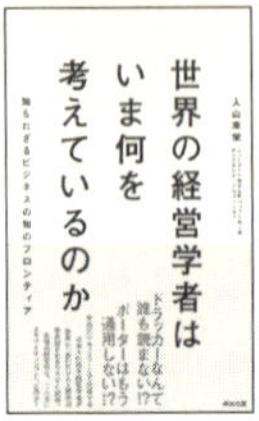

世界の経営学者はいま何を考えているのか

知られざるビジネスの知のフロンティア

入山章栄著

ドラッカーなんて誰も読まない!?　ポーターはもう通用しない!?　米国ビジネススクールで活躍する日本人の若手経営学者が、世界レベルのビジネス研究の最前線をわかりやすく紹介。本場の経営学は、こんなにエキサイティングだったのか！

定価：本体1,900円＋税　ISBN978-4-86276-109-5

イシューからはじめよ

知的生産の「シンプルな本質」

安宅和人著

知的生産の全体像を図解や事例とともに解説した、「脳科学×マッキンゼー×ヤフー」のトリプルキャリアが生み出した究極の思考術、問題設定と解決法がこの一冊に！　本当に価値のある仕事をしたい、本当に世の中に変化を起こしたいあなたへ。

定価：本体1,800円＋税　ISBN978-4-86276-085-2

Personal MBA

学び続けるプロフェッショナルの必携書

ジョシュ・カウフマン著　三ツ松新監訳　渡部典子訳

世界12カ国で翻訳、スタンフォード大学ではテキストに採用。P&Gの実務経験、数千冊に及ぶビジネス書、数百のビジネスブログのエッセンスを一冊に凝縮。知識、スキル、人の心と脳と身体、システム思考……ビジネス実践学の体系がここにある。

定価：本体2,600円＋税　ISBN978-4-86276-135-4

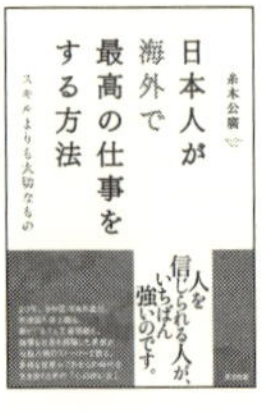

日本人が海外で最高の仕事をする方法

スキルよりも大切なもの

糸木公廣著

人を信じられる人が、いちばん強いのです。——20年、9カ国の海外赴任。先進国も途上国も、新ビジネスも工場閉鎖も、現場も社長も経験した著者が七転八倒のストーリーで語る、多様な世界＝これからの時代を生き抜くための「心の使い方」。

定価：本体1,600円＋税　ISBN978-4-86276-157-6